Kläre Meil · Margit Arndt

ABC DER STARKEN VERBEN

Kläre Meil · Margit Arndt

ABC
DER STARKEN VERBEN

Max Hueber Verlag

8. Auflage 1976

8. 7. 6. | Die letzten Ziffern
1992 91 90 89 88 | bezeichnen Zahl und Jahr des Druckes.
Alle Drucke dieser Auflage können, da unverändert, nebeneinander benutzt werden.
© 1962 Max Hueber Verlag · München
Umschlaggestaltung: Erentraut Waldau-Hauchler · Ismaning
Gesamtherstellung: Druckerei G. J. Manz AG · Dillingen
Printed in Germany
ISBN 3–19–001058–7

VORWORT

Starke Verben sind ältestes Sprachgut und haben schon aus diesem Grunde eine Bedeutungsbreite, die von einem Ausländer, der die deutsche Sprache lernt, nur schwer zu überschauen ist.

Gewiß geben gute Wörterbücher die verschiedenen Bedeutungen an, doch sind die Erklärungen dafür oft für einen Ausländer zu abstrakt und die Beispielsätze zu unvollständig. Dazu kommt, daß man dort die Verben nie zusammen mit ihren Komposita finden kann; selbst bei Wörterbüchern, die die alphabetische Reihung nach der 1. Person Präsens vornehmen, sind Verben mit untrennbarer Vorsilbe nicht unter dem Grundwort eingereiht. Diese Forderungen will das vorliegende Bändchen erfüllen.

Nicht nur lexikalisch sind die starken Verben ein schweres Kapitel des deutschen Wortschatzes – die meisten von ihnen gehören zu den verbreitetsten Wörtern in der deutschen Sprache –, auch syntaktisch sind sie wegen der verschiedenen Rektionsmöglichkeit nicht leicht überschaubar. Das rein grammatische Problem der Form wird wohl in allen Deutschkursen von Anfang an gründlich geübt, Rektion und Bedeutung treten demgegenüber leider oft zurück und werden dem Zufall überlassen.

Aus diesem Grund wird immer wieder der Wunsch nach einer möglichst vollständigen Zusammenstellung der starken Verben geäußert, aus der ein Ausländer Bedeutung und Rektion – und auch den Zusammenhang dieser beiden Faktoren – leicht und klar entnehmen kann. In dem vorliegenden Bändchen wird versucht, den Bedeutungsinhalt und die Rektion der starken, gemischten und unregelmäßigen Verben und ihrer Komposita wiederzugeben, und zwar nicht in der Form einer abstrakten Erklärung und Umschreibung, sondern durch möglichst viele Beispielsätze, die, wo es sich notwendig erwies, in einfachem Deutsch erklärt sind. Damit wird dem Ausländer ein Nachschlagewerk in die Hand gegeben, das die gebräuchlichen Wörterbücher ergänzt und ihm die Möglichkeit gibt, seine Satzkonstruktionen auf diesem Gebiet leicht zu kontrollieren. Er findet hier die wichtigsten Anwendungsmöglichkeiten der behandelten Verben und zwar sowohl im allgemeinen, als auch im idiomatischen und halbidiomatischen Bereich.

Darüber hinaus kann man das Büchlein auch zu Wortschatzstudien benutzen, etwa indem man die Sätze mit den entsprechenden in der Muttersprache vergleicht und so auf diesem Teilgebiet manche wertvolle Einsicht in das Wesen der deutschen Sprache und ihr Verhältnis zu anderen Sprachen gewinnt.

Die Herausgeber

Abkürzungen:

bibl.	=	biblisch
et.	=	etwas
I.	=	Idiomatische Redewendung
iron.	=	ironisch
intrans.	=	intransitiv (nicht zielend)
jm	=	jemandem
jn	=	jemanden
lit.	=	literarisch
übertr.	=	in übertragener Bedeutung
U.	=	Umgangssprache
Sprw.	=	Sprichwort, sprichwörtliche Redewendung
trans.	=	transitiv (zielend)
trennb.	=	trennbar
untrennb.	=	untrennbar

backen, buk, gebacken:
(backen = festkleben schwach: backte, gebackt.)
- Der Bäcker *bäckt* Brot.
- Die Mutter *buk* Eierkuchen.
- Der Schnee *backte* an den Skiern. (Er klebte fest.)

ausbacken (durchbacken):
- Das Brot ist gut *ausgebacken (durchgebacken)*. (Es ist fertig.)

überbacken:
- Die Pasteten werden im Ofen *überbacken*. (Ihre Oberfläche wird gebräunt.)

verbacken:
- Die Brotfabrik *verbäckt* im Monat 100 Tonnen Mehl. (Sie verbraucht das Mehl.)

befehlen, befahl, befohlen:
- Der Herr *befahl* dem Fahrer zu warten. (Er sagte dem Fahrer, er müsse warten.) *cus. ind. dire.*
- Von Ihnen lasse ich mir nichts *befehlen!* (Ich lasse mir nicht sagen, was ich tun soll!)
- Der Sterbende *befiehlt* dem Herrn seine Seele. (Er vertraut sie Gott an; bibl.) *He commands his soul to God*
- Gott *befohlen!* (Grußformel, lit.)

beginnen, begann, begonnen:
- Das Kind *beginnt* zu sprechen. (Es fängt an zu sprechen.)
- Ich *beginne* meine Arbeit. (Ich beginne mit der Arbeit; fange an.)
- Was soll ich nach dem Examen *beginnen?* (Was soll ich tun?)

beißen, biß, gebissen:
- Der Hund *beißt* das Kind.
- Mücken *beißen* den Wanderer. (Sie stechen ihn.)
- Der Junge *biß* in die Birne. (Er begann sie zu essen.)
- Der Rauch *beißt in den Augen*. (Er macht Schmerzen.)
- Hier *beißt* er *auf Granit*. (Er erreicht nichts; I.)
- Mein Freund mußte *in den sauren Apfel beißen*. (Er mußte etwas Unangenehmes tun; I.)
- Der Mann *beißt ins Gras*. (Er stirbt; I., U.)

sich ~
- Die Farben *beißen sich*. (Sie harmonieren nicht; sie passen nicht zusammen.)
- Er *biß sich* auf die Lippen, um nicht zu lachen. (Er beherrschte sich; I.)

abbeißen:
- Der Schneider *hat* den Faden *abgebissen*. (Er trennte ihn mit den Zähnen durch.)

7

– Karl *beißt* ein Stück von dem Apfel *ab.* (Er trennt ein Stück mit den Zähnen ab, um es zu essen.)
– Da *beißt* die Maus keinen Faden *ab.* (Da ist nichts dagegen zu machen; U., I.)

anbeißen:
– Der Fisch *beißt an.* (Er schluckt den Angelhaken.)
– Franz *hat* sein Wurstbrot *angebissen.* (Er hat begonnen, es zu essen.)
– Der Käufer *beißt* nicht *an.* (Er geht auf meinen Vorschlag nicht ein; I.)

durchbeißen:
– Der Fuchs *beißt* der Gans den Hals *durch.* (Er tötet sie.)

sich ~

Jawohl !
{ – Der mittellose Student *beißt sich durch.* (Er hungert und kämpft sich durchs Leben; U., I.)

verbeißen:
sich ~
– Er *verbiß sich* das Lachen. (Er lachte nicht, hätte es aber gern getan.)
sich in et. ~
– Der Forscher *verbeißt sich in* eine Idee. (Er hält daran ganz fest; I.)

zubeißen:
– Der Hund *beißt zu.* (Er faßt mit den Zähnen zu.)

zusammenbeißen:
– *Beiß* die Zähne *zusammen!* (Beherrsche dich! I.)

bergen, barg, geborgen:
{ – Dieses Haus *birgt* ein Geheimnis. (Es enthält ein Geheimnis.)
{ – Die Fischer *haben* die Seeleute *geborgen.* (Sie retteten sie.)
et. in sich ~
– Die Besteigung des Berges *birgt* Gefahren *in sich.* (Sie ist mit Gefahr verbunden.)

verbergen:
– Der Besucher *verbirgt* seine Enttäuschung. (Er zeigt sie nicht; er unterdrückt sie.)
et. (jn) vor jm. ~
– Ich *verberge* meinen Lottogewinn *vor* meinen Nachbarn. (Ich sage ihnen nichts davon.)

bersten, barst, geborsten
– Das Eis *ist geborsten.* (Es ist aufgebrochen.)
– Das Stadion war zum *Bersten* voll. (Es war überfüllt.)
– Die Kinder *barsten* fast vor Lachen. (Sie lachten sehr; U.)

bewegen, bewog, bewogen (oder: **bewegte, bewegt.**)
1. bewegen, bewog, bewogen = veranlassen
– Der Lehrer *bewog* den Schüler, die Wahrheit zu sagen. (Er brachte ihn dazu.)

– Was *bewog* den Onkel zur Heimfahrt? (Was war der Grund?)

2. bewegen, bewegte, bewegt = die Lage verändern
- Ich kann meinen Arm nicht *bewegen*. (Die Muskeln arbeiten nicht.)
- Der Motor *bewegt* die Maschine. (Er treibt sie.)

sich ~
- Der Preis *bewegte sich* zwischen DM 20,— und 25,—. (Er schwankte.)
- Jetzt kann *sich* der Kaufmann wieder *bewegen*. (Jetzt ist er frei von Schulden; I.)

biegen, bog, gebogen:
- Die Arbeiter *haben* die Eisenstange *gebogen*. (Sie formten sie.)
- Der Radfahrer *ist* um die Ecke *gebogen*. (Er fuhr um die Ecke).

sich ~
- Der Apfelbaum *biegt sich* unter der Last der Früchte. (Er beugt sich.)
- Die Kinder *biegen sich* vor Lachen. (Sie lachen sehr; U, I.)
- Er lügt, daß *sich die Balken biegen*. (Er lügt sehr; I.)

{ abbiegen:
- *Biegen* Sie rechts *ab!* (Fahren Sie in die rechte Straße!)
- Der Diplomat *bog* das Gespräch *ab*. (Er brachte es auf ein anderes Thema.)

durchbiegen:

sich ~
- Der Fußboden *biegt sich durch*. (Er senkt sich.)

einbiegen:
- *Biegen* Sie in die nächste Straße *ein!* (Fahren Sie in die nächste Straße!)

verbiegen:
- Das Kind *verbog* den Löffel. (Es brachte ihn aus der Form.)

bieten, bot, geboten:
- Der Käufer *bot* 2000,— DM für das Motorrad. (Er wollte soviel bezahlen.)
- Garmisch *bietet* den Touristen viele Wintersportmöglichkeiten. (Es gibt dort viele Wintersportmöglichkeiten.)
- Die Reise *bietet* keine (viele) Schwierigkeiten. (Sie ist nicht (sehr) schwierig.)
- Er *bietet* dem Gegner *die Stirn*. (Er stellt sich ihm und weicht nicht zurück; I.)

sich et. ~ lassen
- Er *läßt sich* nichts *bieten*. (Er läßt sich nichts gefallen.)

anbieten:
- Der Kaufmann *bietet* Kartoffeln *an*. (Er sagt, daß man sie kaufen soll.)
{ - Die Dame *bietet* ihrer Freundin eine Tasse Kaffee *an*. (Sie fragt sie, ob sie Kaffee will.)
- Der Junge *bot* mir seinen Platz *an*. (Er stand meinetwegen auf.)

aufbieten:
- Der Pfarrer *bietet* das Brautpaar *auf*. (Er sagt in der Kirche, daß sie heiraten wollen.)

– Der Fabrikant *bietet* alle seine Kräfte *auf*, um die Konkurrenz auszuschalten. (Er strengt sich sehr an.)

entbieten:
– Der Bürgermeister *entbot* dem fremden Staatsmann die Grüße der Stadt. (Er begrüßt ihn im Namen der Stadt.)
– Der General *entbot* seine Offiziere zu sich. (Er befahl ihnen zu kommen; lit.)

darbieten:
– Von der Sängerin wurde ein Lied *dargeboten*. (Sie sang ein Lied.)
– Dem Kaufmann *bot* sich eine günstige Gelegenheit *dar*. (Sie zeigte sich.)

erbieten:
sich zu et. ~
– Er *erbot sich*, der alten Frau den Koffer zu tragen. (Er bot es ihr an.)

überbieten:
– Der Springer *hat* den Rekord *überboten*. (Er ist höher gesprungen.)
sich ~
– Die Käufer *überbieten sich* bei der Versteigerung. (Jeder bietet mehr.)
– Die Firmen *überbieten sich* in ihrem Kundendienst. (Jede will mehr für die Kunden tun.)

unterbieten:
– Die neue Firma *unterbot* die Preise der anderen. (Sie war billiger.)

verbieten:
– Die Stadtverwaltung *verbietet* das Betreten des Rasens. (Sie erlaubt es nicht.)
– Die Höflichkeit *verbietet* dem jungen Mann zu widersprechen. (Aus Höflichkeit widerspricht er nicht.)

binden, band, gebunden:
– Der Zement *bindet*. (Er wird fest.)
– Die Gärtnerin *bindet* Kränze. (Sie macht Kränze.)
– Der Buchbinder *bindet* die Bücher. (Er gibt ihnen einen festen Einband.)
– Der Herr *bindet* seine Krawatte. (Er knotet sie.)
– Die Verkäuferin *bindet* die Schnur um das Paket. (Sie macht die Schnur fest um das Paket.)
– Der Vater *bindet* seinem Sohn *auf die Seele*, fleißiger zu sein. (Er ermahnt ihn sehr; I.)
– Der Vertrag *bindet* mich. (Ich *bin an* den Vertrag *gebunden*. Er verpflichtet mich.)
– Sie *ist* schon *gebunden*; sie *hat sich* schon *gebunden*. (Sie ist verlobt. U.)

anbinden:
– Der Gärtner *bindet* die Rosen *an*. (Er macht sie fest.)
mit jm ~
– Der Raufbold *bindet mit* allen Menschen *an*. (Er sucht Streit.)

aufbinden:
- Ich *binde* mir die Schuhe *auf.* (Ich löse den Knoten.)
- Der Freund *hat* mir *einen Bären aufgebunden.* (Er belog mich im Scherz; I.)

einbinden:
- Der Schüler *bindet* die Bücher *ein.* (Er schützt sie mit einem Umschlag.)

entbinden:
- Der Arzt *entband* die Frau *von* einem gesunden Knaben. (Er half ihr bei der Geburt, lit.)
- Ich *entbinde* Sie *von* Ihrer Schweigepflicht. (Ich befreie Sie davon.)

unterbinden:
- Das Verbot soll das Rauchen an Tankstellen *unterbinden.* (Es soll das Rauchen verbieten.)
- Das Tauwetter *unterband* den Verkehr. (Es machte den Verkehr unmöglich.)

verbinden:
- Die Schwester *verbindet* die Wunde. (Sie legt einen Verband an.)

jn ~ mit et.
- Die Autobahn *verbindet* Hamburg *mit* Bremen. (Sie führt von Hamburg nach Bremen.)
- Der Schauspieler *verbindet* Eleganz *mit* Verstand. (Er hat beides.)
- Ich lasse mich *mit* der Zentrale des Hotels *verbinden.* (Ich lasse eine telefonische Verbindung herstellen.)

jm verbunden sein
- Ich *bin* Ihnen sehr *verbunden.* (Ich bin Ihnen dankbar.)

zubinden:
- Der Gemüsehändler *bindet* den Kartoffelsack *zu.* (Er schließt ihn mit einer Schnur.)

bitten, bat, gebeten:
- Ich *bitte* dich sehr. (Ich habe einen Wunsch.)
- *Bitte* sehr! (Antwort auf »Danke«.)
- Die Mutter *bittet* die Gäste zu Tisch. (Sie sagt, sie sollen zum Essen kommen.)

~ um et.
- Der Bettler *bittet um* Brot. (Er möchte Brot haben.)
- Ich *bitte um* Ruhe! (Ich verlange Ruhe!)
- Der Schüler *hat* den Lehrer *um* Verzeihung *gebeten.* (Er hat sich entschuldigt.)
- Der Abgeordnete *bittet um* das Wort. (Er möchte sprechen.)

abbitten:
- Ich habe dir vieles *abzubitten.* (Ich muß dich um Verzeihung bitten.)

ausbitten:

sich et. ~
- Ich *bitte mir* Ruhe *aus!* (Ich verlange Ruhe!)

erbitten:
sich et. ~
- Ich *erbat mir* Bedenkzeit. (Ich bat darum.)
hereinbitten:
- *Bitten* Sie Herrn Berger *herein!* (Sagen Sie ihm, er soll hereinkommen!)
verbitten:
sich et. ~
- Der Vater *verbittet sich* das schlechte Benehmen des Sohnes. (Er sagt, daß er es nicht dulden will.)

blasen, blies, geblasen:
- Der Wind *bläst*. (Er weht.)
- Armstrong *blies* die Trompete. (Er spielte das Instrument.)
- Der Glasbläser *bläst* einen Schwan. (Er formt ihn.)
- Warum *bläst* du *Trübsal?* (Warum bist du traurig? I.)
- Er *blies* ihm *den Marsch*. (Er sagte ihm verärgert die Meinung; I., U.)
abblasen:
- Die Konferenz wurde *abgeblasen*. (Sie wurde abgesagt; U.)
- Die Gewerkschaft *hat* den Streik *abgeblasen*. (Sie hat ihn abgebrochen; U.)
aufblasen:
- Das Kind *bläst* den Ballon *auf*. (Es füllt ihn mit Luft.)
- Sie ist sehr *aufgeblasen*. (Sie ist eingebildet, macht sich wichtig; I., U.)
ausblasen:
- Ich *blies* die Kerzen *aus*. (Ich pustete sie aus.)
- Sein *Lebenslicht* wurde *ausgeblasen*. (Er starb, er wurde getötet; I.)

bleiben, blieb, geblieben:
- Wo *bleibt* er denn? (Wo ist er? Warum kommt er nicht?)
- *Bleib* mir treu! (Halte mir die Treue!)
- Wir *bleiben* mittags in der Schule. (Wir verbringen die Mittagszeit in der Schule.)
- Die Mutter *bleibt* in München. (Sie verläßt München nicht.)
- *Bleibe* im Lande und nähre dich redlich! (Sprw.)
- *Bleiben* Sie sitzen! (Stehen Sie nicht auf!)
~ bei jm (et.)
- Inge *ist* gestern *bei* ihren Verwandten *geblieben*. (Sie hat die Nacht dort verbracht.)
- Es *bleibt dabei!* (Es wird nichts geändert.)
- *Bleibe bei* der Sache! (Weiche nicht vom Thema ab!)
- Er *ist bei der Stange geblieben*. (Er ist nicht von seinem Vorhaben abgegangen; I.)
- Schuster, *bleib bei* deinem Leisten! (Mische dich nicht in Dinge, die du nicht verstehst, die dich nichts angehen! Sprw.)

aufbleiben:
- Die Kinder wollen abends gern *aufbleiben*. (Sie wollen nicht ins Bett gehen.)
- Das Fenster soll *aufbleiben*. (Man soll es nicht schließen; U.)

ausbleiben:
- Der erwartete Brief *blieb aus*. (Er kam nicht.)
- Lisa *blieb* abends lange *aus*. (Sie kam spät nach Hause.)

fernbleiben:
- Der Minister *blieb* der Konferenz *fern*. (Er kam mit Absicht nicht.)

gleichbleiben:
- Die Gemüsepreise *sind gleichgeblieben*. (Sie haben sich nicht geändert.)

unterbleiben:
- Der Lärm *hat* zu *unterbleiben!* (Er darf nicht sein.)
- Wegen meiner Krankheit *unterblieb* die Antwort auf Ihren Brief. (Die Antwort wurde nicht geschrieben.)

verbleiben:
- Wir *verbleiben* wie verabredet. (Wir halten an unserer Verabredung fest; papierdt.)
- Wir *verbleiben* mit vorzüglicher Hochachtung . . . (Schluß eines Geschäftsbriefes.)

zurückbleiben:
- Der Hund *bleibt* hinter uns *zurück*. (Er läuft nicht so schnell wie wir.)
- Das Kind *ist* geistig *zurückgeblieben*. (Es ist geistig nicht so entwickelt wie seine Altersgenossen.)

bleichen, blich, geblichen: (oder: **bleichte, gebleicht.**)
1. bleichen (stark) = bleich werden (intrans.)
- Sein Haar *bleicht* schon. (Es wird grau.)
- Die Knochen der verdursteten Tiere *blichen* im Wüstensand. (Die Farbe der Knochen wurde heller.)
2. bleichen (schwach) = bleich machen (trans.)
- Die Hausfrau *bleicht* die Wäsche. (Sie macht sie heller.)
- Die Tochter hat ihre Haare *gebleicht*. (Sie hat sie heller gefärbt.)

braten, briet, gebraten:
- Die Mutter *brät* eine Gans. (Sie bräunt sie im Herd.)
- Das Mädchen läßt sich in der Sonne *braten*. (Es will braun werden.)

anbraten:
- Die Köchin *brät* das Fleisch *an*. (Sie brät es kurz.)

durchbraten:
- Bitte, *braten* Sie mein Steak *durch!* (Es soll innen nicht mehr blutig sein.)

brechen, brach, gebrochen:
- Der Mast des Schiffes *ist* im Sturm *gebrochen*. (Er knickte in zwei Teile.)

- Mir *bricht das Herz*, wenn ich die Not der armen Menschen sehe. (Das Herz tut mir weh; I.)
- *Sein Auge bricht.* (Er stirbt; I.)
- Der Mond *brach* aus den Wolken. (Er kommt plötzlich hervor).
- Die Arbeiter *brechen* den Marmor im Steinbruch. (Sie schlagen ihn heraus.)
- Die Gärtnerin *bricht* die Blumen. (Sie pflückt sie; lit.)
- Der Kristall *bricht* das Licht. (Er zerstreut es.)
- Das Kind *bricht* das Essen. (Es kann das Essen nicht behalten.)
- Der Läufer *bricht* den Rekord. (Er schlägt den bisher Schnellsten.)
- Der Vater *bricht* den Trotz seines Sohnes. (Er macht ihn durch Strenge gehorsam.)
- Der Kaufmann *brach* den Vertrag. (Er verletzte ihn.)
- Er *hat* sein Wort *gebrochen.* (Er hielt sein Versprechen nicht.)
- Der Mann *hat* die Ehe *gebrochen.* (Er hat seine Frau betrogen.)
- Wir wollen den Hauskauf nicht *übers Knie brechen.* (Wir wollen nicht überstürzt und unüberlegt handeln; I., U.)
- *Brechen* Sie nicht so schnell *den Stab* über einen Menschen! (Verurteilen Sie ihn nicht zu schnell; I.)

sich ~
- Der Sportler *hat sich* das Bein *gebrochen.* (Er hat sich den Knochen verletzt.)
- Die Wellen *brachen sich* an dem Felsen. (Sie prallten dagegen und schlugen zurück.)
- Das Gute *bricht sich Bahn.* (Es macht sich einen Weg; es siegt.)

mit jm ~
- Wir *haben mit* dieser Familie *gebrochen.* (Wir haben unsere Beziehungen gelöst.)

abbrechen:
- Die Jungen *brachen* einen Ast von dem Baum *ab.* (Sie rissen ihn ab.)
- Die Maurer *brechen* das Haus *ab.* (Sie reißen es ein.)
- Der wütende Polizist *hat* die Unterredung *abgebrochen.* (Er hat sie plötzlich beendet.)
- Der Kaufmann *bricht* seine Beziehungen zu seiner Lieferfirma *ab.* (Er kauft nicht mehr bei ihr.)
- Der Schiedsrichter *brach* das Spiel *ab.* (Er beendete es vorzeitig.)

anbrechen:
- Der Tag *bricht an.* (Er beginnt.)
- Eine neue Zeit *ist angebrochen.* (Sie hat begonnen.)
- Der Vater *hat* eine neue Kiste Zigarren *angebrochen.* (Er nimmt die erste Zigarre heraus.)

aufbrechen:
- Die Knospe *bricht auf.* (Sie öffnet sich.)

- Die Wunde *ist* wieder *aufgebrochen*. (Sie beginnt wieder zu bluten.)
- Wir müssen die Tür *aufbrechen*. (Wir müssen das Schloß mit Gewalt öffnen.)
- Ich *bin* um sieben Uhr zu einer Wanderung *aufgebrochen*. (Ich bin um sieben Uhr fortgegangen.)

ausbrechen:
- Der Krieg *brach* 1939 *aus*. (Er begann 1939.)
- Der Verbrecher *ist* aus dem Gefängnis *ausgebrochen*. (Er ist geflohen.)

in et. ~
- Die Mutter *ist in* Tränen *ausgebrochen*. (Sie begann heftig zu weinen.)

durchbrechen: (trennb. u. untrennb.)
- Werner *hat* den Bleistift *durchgebrochen*. (Er brach ihn in zwei Teile.)
- Bei dem Streit *brach* sein wahrer Charakter *durch*. (Sein Charakter zeigte sich.)
- Die Menschenmenge *durchbrach* die Absperrung der Polizei. (Sie überrannte die Polizei; sie bahnte sich einen Weg.)
- Die Sonne *hat* die Wolken *durchbrochen*. (Sie ist aus den Wolken getreten.)

einbrechen:
- Das Kind *ist* beim Eislaufen *eingebrochen*. (Das Eis brach, und das Kind versank im Wasser.)

in et. ~
- Der Dieb *brach in* den Laden *ein*. (Er öffnete ihn mit Gewalt, um zu stehlen.)

erbrechen:
- Das Siegel war *erbrochen*. (Man hatte es mit Gewalt geöffnet; lit.)
- Während des Fluges *haben* sich viele Passagiere *erbrochen*. (Es wurde ihnen schlecht, sie übergaben sich.)

gebrechen:
es gebricht jm an et.:
- Den Menschen im Hochwassergebiet *gebricht es an* Kleidung und Nahrung. (Beides fehlt ihnen.)

hereinbrechen:
- Die Nacht *ist* schnell *hereingebrochen*. (Es dunkelte schnell.)

über jn (et.) ~
- Ein großes Unglück *brach über* die Bewohner *herein*, als der Damm riß. (Sie kamen in große Not.)

losbrechen:
- Der Sturm *brach* unerwartet *los*. (Er begann plötzlich.)
- Ein Sturm der Entrüstung *ist losgebrochen*. (Alle waren empört.)

unterbrechen:
- Der Strom wurde *unterbrochen*. (Die Stromversorgung wurde gestört.)

- Die fruchtbare Ebene wird von Sümpfen *unterbrochen*. (Ebene und Sümpfe wechseln ab.)
- Darf ich Sie *unterbrechen?* (Darf ich etwas dazu sagen?)

verbrechen:
- Was *hat* der Mann *verbrochen?* (Was hat er Böses getan?)
- Wer *hat* das Gedicht *verbrochen?* (Wer hat es geschrieben? – sehr negativ gemeint.)

zerbrechen:
- Das Glas *ist* auf den Boden gefallen und *zerbrochen*. (Es ging kaputt. Glas, Porzellan.)
- Das Dienstmädchen *hat* eine Tasse *zerbrochen*. (Sie hat sie kaputt gemacht.)
- Ich *zerbreche* mir *den Kopf* über den Aufsatz. (Ich denke angestrengt darüber nach.)

an et. ~
- Er *ist an* seinem Schicksal *zerbrochen*. (Er ist mutlos geworden.)

zusammenbrechen:
- Die Brücke *ist zusammengebrochen*. (Sie ist eingestürzt.)
- Die Firma *bricht zusammen*. (Sie macht Konkurs.)
- Der Angeklagte *brach* unter der Last der Beweise *zusammen*. (Er gestand.)

brennen, brannte, gebrannt:
- Das Haus *brennt*. (Es steht in Flammen.)
- Der Ofen *brennt* gut. (Er heizt das Zimmer gut.)
- Das Licht *brannte*. (Es war eingeschaltet.)
- Die Rösterei *brennt* den Kaffee. (Sie röstet ihn.)
- Die Fabrik *brennt* Ziegelsteine.
- Dem Soldaten *brennen* die Füße von dem langen Marsch. (Sie sind heiß und schmerzen.)
- Die alte Frau *brannte* vor Neugierde. (Sie war sehr neugierig.)
- Die Arbeit *brennt* mir *auf den Nägeln*. (Sie ist sehr eilig; I., U.)
- Das Geheimnis *brannte* meinem Freund *auf der Seele*. (Es bedrückte ihn sehr; I., U.)

abbrennen:
- Die Kerze *brannte ab*. (auch: herunterbrennen; sie wurde kleiner.)
- Ich bin *abgebrannt*. (Ich habe kein Geld mehr; nur als Adjektiv; U.)

anbrennen:
- Das Gemüse *brannte an*. (Es wurde schwarz und setzte sich am Topf fest.)

ausbrennen:
- Die Schule *brannte aus*. (Nur die Mauern blieben stehen.)
- Der Vulkan *ist ausgebrannt*. (Er ist erloschen.)

- Der Tierarzt *brennt* die Wunde *aus*. (Er reinigt sie durch Ausbrennen.)
durchbrennen:
- Die elektrische Sicherung *ist durchgebrannt*. (Der Strom ist unterbrochen.)
- Der Kassierer *ist* mit der Kasse *durchgebrannt*. (Er ist mit der Kasse geflohen; U.)
entbrennen:
- Unter den Freunden *ist* ein leidenschaftlicher Streit *entbrannt*. (Der Streit ist ausgebrochen; lit.)
niederbrennen:
- Unser Haus *brannte nieder*. (Es wurde durch Feuer zerstört.)
verbrennen:
- *Verbrennen* Sie die Briefe! (Vernichten Sie sie durch Feuer!)
- Der Tote wird *verbrannt*. (Er wird eingeäschert.)
- Ich *habe* mir *die Finger verbrannt*. (Ich habe mir die Finger durch Feuer verletzt; oder übertr.: Ich bin in eine unangenehme Situation gekommen; I.)
- *Verbrenne* dir nicht *den Mund!* (Sage dem anderen nicht, was er nicht hören will; U., I.)

bringen, brachte, gebracht:
- Der Bote *bringt* die bestellten Blumen. (Er liefert sie ab.)
- Ich *bringe* die Kohlen in den Keller. (Ich trage sie dorthin.)
- *Bringen* Sie mir ein Glas Bier! (Holen Sie es mir!)
- Mein Geld *bringt* gute Zinsen. (Es verzinst sich gut.)
- Die Familie *hat* große Opfer für den Sohn *gebracht*. (Sie hat viel für ihn getan.)
- Das Theater *bringt* ein neues Stück. (Es spielt ein neues Stück.)
jn auf et. ~
- Der Redner *bringt* viele Zuhörer *auf seine Seite*. (Er überzeugt sie.)
< - Deine Bemerkung *hat* mich *auf* eine gute Idee *gebracht*. (Ich bin durch dich darauf gekommen.)
- Der alte Mann *hat es auf* 85 Jahre *gebracht*. (Er ist so alt geworden.)
jn in et. ~
- Der Sohn *bringt* die Eltern *in* Schande und Not. (Er schadet ihnen.)
- Die Frau *hat* mich *ins Gerede gebracht*. (Sie ist schuld, daß alle schlecht über mich sprechen.)
- Die Flüchtlinge *brachten sich in* Sicherheit. (Sie flohen an einen sicheren Ort.)
et. ~ über et.
- Die Zeitung *brachte* nichts *über* die Unterschlagung. (Sie berichtete nicht darüber.)
- Der Schüler *hat* kein Wort *über die Lippen gebracht*. (Er konnte vor Aufregung nichts sagen.)

17

– Ich *bringe es* nicht *übers Herz*, ihn zu belügen. (Ich kann es nicht tun; I.)

jn um et. ~
 – Der Rückschlag im Export *hat* mich *um* meine Stellung *gebracht*. (Ich habe sie verloren.)
 – Der Betrüger *brachte* die alte Frau *um* ihr Geld. (Er betrog sie.)
 – Aus Geldsorgen *brachte* er *sich ums Leben*. (Er tötete sich; I.)

jn (et.) unter et ~
 – Der reiche Mann *brachte* sein Geld *unter die Leute*. (Er gab viel aus.)
 – Es gelang mir, alle Interessen *unter einen Hut* zu *bringen*. (Ich konnte sie einigen; I.)
 – Der Kaufmann *brachte* seinen Betrieb *unter den Hammer*. (Die Firma mußte versteigert werden; I.)

jn (et.) zu et. ~
 – Der Dichter *bringt* seine Gedanken *zu* Papier. (Er schrieb sie auf.)
 – Der Komiker *brachte* uns *zum* Lachen. (Er machte Späße, daß wir lachen mußten.)
 – Ich *brachte* ihn *dazu*, sich bei dem Lehrer zu entschuldigen. (Ich veranlaßte ihn dazu, obwohl er nicht wollte.)
 – Die junge Frau *brachte* ein Kind *zur Welt*. (Sie hat es geboren.)

jn zu sich ~
 – Der Arzt *bringt* den Ohnmächtigen *zu sich*. (Er belebt ihn wieder.)

es zu et. ~
 – Er *hat es* im Leben *zu* etwas gebracht. (Er hat viel erreicht.)

abbringen:
 – Er läßt sich von seinem Plan nicht *abbringen*. (Er bleibt dabei.)
 – Schlechte Gesellschaft *brachte* den jungen Mann *vom rechten Wege ab*. (Schlechte Freunde verdarben ihn; I.)

anbringen:
 – Ich *habe* den Haken neben dem Waschbecken *angebracht*. (Ich habe ihn dort festgemacht.)
 – Der Hund *brachte* den Hasen *an*. (Er trug ihn her.)
 – Der Pfarrer *brachte* eine Bitte *an*. (Er sagte sie.)

aufbringen:
 – Ich *bringe* das Fenster nicht *auf*. (Ich kann es nicht öffnen; U.)
 – Wer *hat* das Gerücht *aufgebracht?* (Wer hat es erfunden und verbreitet?)
 – Der Schuldner kann das Geld für die nächste Rate des Fernsehapparats nicht *aufbringen*. (Er kann es nicht besorgen.)
 – Der Junge *bringt* den Mut nicht *auf*, ins Wasser zu springen. (Er fürchtet sich davor.)

beibringen:
 – *Bringen* Sie die nötigen Papiere *bei!* (Beschaffen Sie sie! Legen Sie sie

vor! papierdt.)
- Der Fahrlehrer *bringt* der Dame das Fahren *bei*. (Er lehrt sie Autofahren; für alle praktischen Fähigkeiten.)
- Ich weiß nicht, wie ich es ihm *beibringen* soll. (Wie soll ich es ihm sagen?)
darbringen:
- Der Minister *brachte* dem hohen Gast ein Geschenk *dar*. (Er überreichte es ihm; lit.)
durchbringen:
- Der Schmuggler *brachte* seinen Kaffee unverzollt *durch*. (Er brachte ihn unverzollt über die Grenze; U.)
- Der Arzt *hat* den Kranken *durchgebracht*. (Er rettete ihn.)
- Die Witwe *bringt* ihre Kinder *durch*. (Sie ernährt sie mühsam.)
- Der Matrose *bringt sein Geld durch*. (Er gibt es unnötig aus; U.).
einbringen:
- Der Minister *brachte* einen Gesetzesentwurf *ein*. (Er legte ihn vor.)
- Der Bauer *bringt* das Getreide *ein*. (Er fährt es in die Scheune.)
- Das Geschäft *hat* wenig *eingebracht*. (Der Gewinn war klein.)
entgegenbringen:
- Er *bringt* mir volles Verständnis *entgegen*. (Er versteht mich.)
erbringen:
- *Erbringen* Sie den Beweis, daß Ihre Aussagen stimmen! (Bringen Sie den Beweis!)
hinterbringen:
- Die Sekretärin *hinterbringt* dem Chef, was ihre Kollegen über ihn sagen. (Sie verrät ihre Kollegen.)
mitbringen:
- Ich *bringe* dir ein Geschenk *mit*. (Ich komme mit einem Geschenk.)
- Für diese Stellung *brachte* er keine Vorbildung *mit*. (Er hatte das hier Nötige nicht gelernt.)
überbringen:
- Der Bote *überbrachte* einen Brief. (Er gab ihn ab.)
umbringen:
- Der Verbrecher *brachte* die Frau *um*. (Er ermordete sie.)
sich ~
- Der Künstler *hat sich umgebracht*. (Er nahm sich das Leben.)
- Er *brachte sich* fast *um*, um mir zu helfen. (Er gab sich große Mühe; U.)
unterbringen:
- Der Gepäckträger *hat* meine Koffer im Gepäcknetz *untergebracht*. (Er hat sie dorthin gelegt.)
- Der Professor konnte nicht alle Bücher in dem Schrank *unterbringen*. (Er hatte nicht genug Platz.)
- Der Vater *brachte* seine Tochter in einem Internat *unter*. (Er gibt sie in ein Internat.)

verbringen:
- Wir *verbringen* unseren Urlaub im Gebirge. (Wir verleben ihn dort.)

vollbringen:
- Die Zimmerleute *vollbrachten*, was unmöglich erschien. (Sie machten eine schwierige Arbeit fertig.)

vorbringen:
- Der Richter fragte den Angeklagten: »Was haben Sie zu Ihrer Entschuldigung *vorzubringen?* (Was haben Sie zu sagen?)

zubringen:
- Der Fußballspieler *bringt* seine Freizeit auf dem Sportplatz *zu.* (Er ist in seiner Freizeit dort.)

zusammenbringen:
- Der Baumeister *brachte* ein Vermögen *zusammen.* (Er wurde reich.)
- Der Makler *bringt* den Käufer mit dem Verkäufer *zusammen.* (Er vermittelt das Geschäft.)
- Der Student *brachte* in der Prüfung keine drei Sätze *zusammen.* (Er konnte nicht sprechen; U.)

denken, dachte, gedacht:
- Er *denkt* edel. (Er ist großherzig.)
- Der Mensch *denkt*, Gott lenkt. (Sprw.)

an et. (jn) ~
- Unser Besucher *denkt an* die Abreise. (Er will abreisen.)
- *Denke daran!* (Vergiß es nicht!)
- Der Vater *denkt* nur *an* seine Familie. (Er sorgt für sie.)
- Ach, *denk' mal an!* (ironisch: Habe ich das nicht schon immer gesagt?)

über et. ~
- Wie *denken* Sie *über* die Sache? (Wie ist Ihre Meinung darüber?)

ausdenken:
- Das wäre nicht *auszudenken!* (Das wäre entsetzlich!)

sich et. ~
- Das Kind *dachte sich* eine Ausrede *aus.* (Es überlegte und erfand eine Ausrede.)

bedenken:
- *Bedenke* vorher die Folgen deines Tuns! (Überlege vorher!)
- *Bedenke* dein Ende! (Denke daran, daß du sterben mußt.)
- Man *bedachte* ihn mit Geschenken. (Man beschenkte ihn.)

durchdenken:
- Der Architekt *durchdachte* die Pläne des Hauses gut. (Er überlegte sie genau.)

erdenken:
sich et. ~
- Der Dichter erdachte sich eine Geschichte, um seine Zuhörer zu unterhalten. (Er erfand sie.)

fortdenken:
- Die Errungenschaften der Technik sind nicht mehr *fortzudenken*. (Man kann sich das Leben ohne sie nicht denken.)

gedenken:
- Was *gedenkst* du zu tun? (Was willst du tun?)
- *Gedenke* meiner! (Erinnere dich an mich! lit.)

nachdenken:
- Ich *hatte* keine Zeit *nachzudenken*. (Ich konnte nicht überlegen.)

über et. ~
- Der Schüler *denkt* über seine Arbeit *nach*. (Er überlegt sie sich.)

überdenken:
- Bitte, *überdenken* Sie meinen Vorschlag! (Überlegen Sie sich ihn!)

verdenken:
- Ich *verdenke* ihm sein schlechtes Benehmen. (Ich bin ihm deswegen böse.)
- Niemand wird es Ihnen *verdenken*, daß Sie die Reise machen. (Jeder wird Sie verstehen.)

dingen, dang (dingte), gedungen:
- Der Mörder war von einer Bande *gedungen* worden. (Er war angeworben worden; lit.)

ausbedingen:
sich et. ~
- Der Chef *hat sich* Pünktlichkeit *ausbedungen*. (Er verlangte sie.)

dreschen, drosch, gedroschen:
- Der Bauer *drischt* das Getreide. (Er löst die Körner.)
- Am Abend wurden nur *leere Phrasen gedroschen*. (Man redete nur über Unwichtiges; I.)

verdreschen:
- Der Junge wurde von seinen Kameraden *verdroschen*. (Er wurde verprügelt; U.)

dringen, drang, gedrungen:
- Der Gasgeruch *dringt* aus der Küche. (Er kommt aus der Küche in die anderen Räume.)
- Die Worte des Redners *sind* bis in die letzten Stuhlreihen *gedrungen*. (Man verstand sie auch dort.)

auf et. ~
- Der Hauswirt *hat auf* pünktliche Zahlung der Miete *gedrungen*. (Er hat sie verlangt.)

durchdringen: (trennb. u. untrennb.)
- Der Gedanke der Hilfsbereitschaft *hat* alle *durchdrungen*. (Alle waren davon erfüllt.)

durch et. ~
- Die Feuchtigkeit *ist durch* die Mauer *durchgedrungen*. (Sie kam durch die Mauer.)

mit et. ~
- Der Betriebsleiter *drang mit* seinen Wünschen *durch*. (Er setzte sie durch.)

eindringen:
- Der Feind *dringt in* die Festung *ein*. (Er kommt mit Gewalt hinein.)

dünken, deuchte (dünkte), gedeucht (gedünkt):
- Die Sache *dünkt* mir schlecht. (Sie kommt mir schlecht vor; lit.)

sich ~
- Der Reiche *dünkt sich* besser als andere. (Er glaubt, besser zu sein.)

dürfen, durfte, gedurft (dürfen):
- Ich *habe* den Wald betreten *dürfen*, die anderen *haben* es nicht *gedurft*. (Ich hatte die Erlaubnis.)
- *Darf* ich rauchen? (Höfliche Bitte.)
- *Darf* ich Sie um eine Tasse Kaffee bitten? (Bitte, geben Sie mir eine Tasse Kaffee!)
- Morgen *dürfte* es regnen. (Wahrscheinlich regnet es morgen. Vermutung, nur mit Konjunktiv II.)

bedürfen:
- Das Kind *bedarf* der elterlichen Hilfe. (Es braucht sie.)
- Es *hat* keines Wortes *bedurft*. (Es war selbstverständlich.)

empfehlen, empfahl, empfohlen:
- Ich *empfehle* das Hotel. (Ich rate zu diesem Hotel.)
- *Empfiehl* mich deiner Mutter! (Grüße sie von mir!)

sich ~
- Er *hat sich* bald *empfohlen*. (Er ist bald weggegangen.)

erlöschen, erlischt, erlosch, erloschen:
- Das Feuer ist *erloschen*. (Es ist ausgegangen. Aber: Ich habe das Feuer *ge*löscht.)

essen, aß, gegessen:
- Hier *ißt* man gut. (Die Küche ist vorzüglich.)
- *Ißt* du Nudeln? (Magst du sie?)
- Wer nicht arbeitet, der soll auch nicht *essen*. (Sprw.)
- Selber *essen* macht fett! (Jeder denkt nur an sich; Sprw.)

fahren, fuhr, gefahren:
- Ich *bin* mit dem Wagen nach Hamburg *gefahren*. (Er war das Transportmittel.)
- Der Chauffeur *hat* mich *gefahren*. (Er war der Fahrer.)
- Der Bauer *hat* Mist *gefahren*. (Er hat ihn auf den Acker gebracht.)
- Mein Chef *fährt* einen Mercedes. (Er besitzt ihn.)
- Das Kind *ist* Ski *gefahren*.
- Mit dieser Firma *bin* ich gut *gefahren*. (Ich bin mit ihr zufrieden.)

- Bei einem Alarm *fahren* die Feuerwehrmänner schnell in ihre Sachen. (Sie ziehen sich schnell an.)
- Der Schreck *fuhr* mir in die Glieder. (Ich konnte sie nicht bewegen.)
- Er *ist in die Grube gefahren.* (Er ist gestorben; lit.)
- Der Blitz *fährt* aus den Wolken. (Er schießt aus den Wolken.)
- Er *fährt* leicht aus der Haut. (Er wird leicht wütend; U., I.)

abfahren:
- Die Straßenbahn *fährt ab.* (Sie beginnt zu fahren.)
- Der Polizist *fährt* die Strecke *ab.* (Er kontrolliert sie.)

jn ~ lassen
- Sie *ließ* den frechen Kerl *abfahren.* (Sie wies ihn ab; I.)

anfahren:
- Der Zug *ist angefahren.* (Er begann seine Fahrt.)
- Der Kohlenhändler *hat* uns Kohlen *angefahren.* (Er hat sie uns gebracht.)
- Der Autofahrer *hat* die alte Frau *angefahren.* (Er verletzte sie.)
- Der Chef *fährt* den Lehrjungen *an.* (Er spricht böse mit ihm.)

auffahren:
- Er *fuhr auf,* als er das hörte. (Er war empört.)
- Bei dem Geräusch *fuhr* ich aus dem Schlaf *auf.* (Ich erwachte plötzlich.)
- Man *fuhr* bei dem Fest Sekt und Wein *auf.* (Man setzte das den Gästen vor.)

auf et. ~
- Das Schiff ist *auf* ein Riff *aufgefahren.* (Es ist gestrandet.)
- Das Auto *fuhr auf* ein parkendes Auto *auf.*

ausfahren:
- Er *fährt* sonntags mit seiner Familie *aus.* (Er fährt mit ihr spazieren.)
- Der Kaufmann *fuhr* die Ware selbst *aus.* (Er brachte sie den Kunden.)

befahren:
- Die Schiffe dieser Reederei *befahren* alle Meere der Welt. (Sie fahren auf allen Meeren.)

durchfahren: (trennb. u. untrennb.)
- Der Schreck *hat* mich *durchfahren.* (Ich erschrak plötzlich.)

durch et. ~
- Ich *bin* durch München *durchgefahren.* (Ich stieg nicht aus.)

einfahren:
- Der Zug *ist eingefahren.* (Er ist in den Bahnhof gekommen.)
- Der Bauer *hat* die Ernte *eingefahren.* (Er hat sie in die Scheune gebracht.)
- Der neue Wagen muß *eingefahren* werden. (Man muß anfangs mit vorgeschriebener Geschwindigkeit fahren.)

entfahren:
- Kaum waren ihm die Worte *entfahren,* da bereute er sie. (Er hatte unüberlegt gesprochen; lit.)

erfahren:
- Ich *erfuhr* die Nachricht durch die Zeitung. (Sie wurde mir durch die Zeitung bekannt.)
- Er *erfuhr* durch seinen Freund eine große Enttäuschung. (Er wurde durch ihn sehr enttäuscht.)

festfahren:
sich ~
- Der Wagen *fuhr sich* im Schlamm *fest*. (Er blieb stecken.)
- Die Konferenz *hat sich festgefahren*. (Sie kommt nicht weiter.)

fortfahren:
- Mein Arzt *fährt fort*. (Er verreist.)
- *Fahre fort* wie bisher! (Mache so weiter!)

mit et. ~
- Der Redner *fuhr mit* seinem Vortrag *fort*. (Er sprach weiter.)

überfahren:
- Der Zug *hat* einen Mann *überfahren*. (Er hat ihn schwer verletzt oder getötet.)
- Der Fahrer *hat* das rote Licht *überfahren*. (Er hat es nicht beachtet.)
- Er versucht, mich zu *überfahren*. (Er will mich zu et. überreden; er will
- meine Rechte nicht beachten; U.)

umfahren: (trennb. u. untrennb.)
- Der Motorradfahrer *fuhr* die alte Frau *um*. (Er stieß gegen sie und warf sie zu Boden.)
- Das Schiff *umfuhr* die Insel. (Es fuhr um sie herum.)

verfahren:
- Er hat viel Geld *verfahren*. (Er hat viel Geld für Fahrten verbraucht.)
- Er hat die Sache gründlich *verfahren*. (Er hat sie ganz falsch angefangen.)

sich ~
- Auf dieser Straße können Sie *sich* nicht *verfahren*. (Sie können keinen falschen Weg nehmen.)

mit jm ~
- *Verfahren* Sie schonend *mit* dem alten Mann! (Behandeln Sie ihn mit Rücksicht!)

vorfahren:
- *Fahren* Sie *vor*! (Überholen Sie uns! oder: Bringen Sie den Wagen zum Einsteigen vor die Tür!)

widerfahren:
- Ihm ist Gerechtigkeit *widerfahren*. (Ihm ist Recht geschehen; lit.)

zurückfahren:
- Wann *fahren* Sie *zurück*? (Wann fahren Sie wieder nach Hause?)
- Ich *fuhr* vor Schreck *zurück*. (Ich prallte zurück.)

zusammenfahren:
- Zwei Züge *fuhren zusammen.* (Sie stießen zusammen.)
- Bei dem Knall *ist* der Mann *zusammengefahren.* (Er ist sehr erschrocken.)

fallen, fiel, gefallen;
1. fallen = sinken
   - Die Temperatur *fällt* ständig. (Es wird kälter.)
   - Die Preise *fallen.* (Die Waren werden billiger.)
2. fallen = sterben
   - Mein Bruder *ist gefallen.* (Er ist als Soldat gestorben.)
3. fallen = stürzen, abfallen
   - Das Kind *fällt* über einen Stein.
   - Die Blätter *fallen* im Herbst von den Bäumen.
   - Die Gläubigen *fielen* auf die Knie. (Sie knieten nieder.)
   - Das heimkehrende Mädchen *fiel* der Mutter in die Arme. (Es umarmte sie.)
   - Karl *ist* dem wütenden Freund *in den Arm* gefallen. (Er hielt ihn zurück.)
   - Ich *bin aus allen Wolken gefallen.* (Ich bin überrascht, entsetzt.)
   - *Falle* nicht *aus der Rolle!* (Benimm dich anständig! I.)
   - Es *fällt* kein Meister vom Himmel. (Alles muß gelernt werden; Sprw.)
4. fallen = auf et. (jn) treffen
   - Sonnenstrahlen *fallen* auf den Weg.
   - Mein Verdacht *fällt* auf diesen Mann.
   - Mein Geburtstag *fällt* auf einen Sonntag. (Er ist an einem Sonntag.)
   - Der Hauptgewinn *fiel* an einen Rentner. (Er bekam ihn.)
   - Über den Beschluß der Konferenz *ist* kein Wort *gefallen.* (Es wurde nichts darüber gesagt.)
   - Vor der Tür *fiel* ein Schuß. (Es wurde einmal geschossen.)
   - Das Plakat *fällt in die Augen.* (Es ist auffallend.)
   - Das Lernen *fällt* ihm leicht (schwer). (Er lernt schnell, langsam).

abfallen:
- Die Äpfel *fallen ab.* (Sie fallen vom Baum auf die Erde.)
- Der Felsen *fällt* steil *ab.* (Er ist steil.)
- Beim Verkauf *fällt* nicht viel *ab.* (Es wird nicht viel verdient.)

von jm ~
- Seine Freunde *fielen von* ihm *ab.* (Sie verließen ihn.)
- Alle Angst *fiel von* ihm *ab.* (Es verlor seine Angst.)

anfallen:
- Das Raubtier *fiel* den Forscher *an.* (Es sprang ihn an.)
- In dieser Woche *fiel* viel Arbeit *an.* (Es gab viel Arbeit.)

auffallen:
- Er *ist* durch seine Größe *aufgefallen.* (Alle bemerkten ihn, weil er so groß war.)

ausfallen:

- Durch Vitaminmangel *fielen* den Seeleuten oft die Zähne *aus*. (Sie verloren sie.)
- Die Theatervorstellung *ist* gestern *ausgefallen*. (Sie fand nicht statt.)
- Während der Grippewelle *fielen* viele Arbeiter *aus*. (Sie kamen nicht zur Arbeit.)
- Die Prüfungsarbeiten *fielen* gut *aus*. (Die Resultate waren gut.)

befallen:
- Viele Menschen sind von dieser Krankheit *befallen* worden. (Viele bekamen sie.)

durchfallen:
- Das Theaterstück *ist durchgefallen*. (Es hatte keinen Erfolg; I.)
- Der unbegabte Schüler *fiel* bei der Prüfung *durch*. (Er bestand sie nicht; U.)

einfallen:
- Das Haus *fällt* bald *ein*. (Die Mauern werden bald zusammenstürzen.)
- Die Heuschrecken *sind eingefallen*. (Sie sind über das Land gekommen und haben alles vernichtet.)
- Bei diesem Musikstück *fallen* die Bläser später *ein*. (Sie beginnen später zu spielen.)
- Ihr Name *fällt* mir nicht *ein*. (Ich kann mich nicht daran erinnern.)
- Was *fällt* Ihnen *ein*! (Was erlauben Sie sich? U.)

entfallen:
- Die Teekanne *entfiel* ihren Händen. (Sie ließ sie fallen.)
- Eine Antwort *entfällt*. (Sie ist nicht nötig.)
- Die Telefonnummer *ist* mir *entfallen*. (Ich habe sie vergessen.)

auf jn ~
- *Auf* ihn *entfallen* 5000.— DM. (Sein Anteil ist 5000.— DM.)

gefallen:
- Es *gefällt* mir nicht, daß er so unpünktlich ist. (Ich finde das nicht schön.)
- Das Geschenk *hat* dem Kind gut *gefallen*. (Es ist nach seinem Geschmack.)

herfallen:
über jn ~
- Die Hunde *fallen über* ihr Futter *her*. (Sie stürzen sich darauf und fressen es gierig.)
- Die Betrunkenen *fielen über* den Fußgänger *her*. (Sie überfielen und belästigten ihn.)
- Die Presse *fiel über* den Schauspieler *her*. (Die Kritik war schlecht.)

hereinfallen:
auf et. (jn) ~
- Die Hausfrau *fiel auf* den Hausierer *herein*. (Sie glaubte ihm, aber er betrog sie.)
- Er *ist auf* die Versprechungen *hereingefallen*. (Er glaubte die leeren Versprechungen.)

26

hinfallen:
- Das Kind *fiel hin*. (Es stürzte.)

mißfallen:
- Seine Art mit den Kunden zu reden *mißfiel* mir. (Sie gefiel mir nicht.)

überfallen:
- Die Verbrecher *haben* die Frau *überfallen*. (Sie haben sie angegriffen.)
- Unsere Verwandten *überfielen* uns am Sonntag. (Sie kamen unerwartet; U.)
- Der Schlaf *überfiel* den Schrankenwärter. (Er schlief gegen seinen Willen ein.)

umfallen:
- Ich stieß an den Tisch, und die Vase *fiel um*.
- Der Zeuge *ist* während der Vernehmung *umgefallen*. (Er sagte das Gegenteil seiner ersten Aussage.)

verfallen:
- Das Haus *verfällt*. (Es geht langsam kaputt.)
- Die Kinokarte *verfällt*. (Sie wird ungültig.)
- Der Mann *ist* dem Alkohol *verfallen*. (Er ist ein Trinker.)

auf et. ~
- Der Kranke *verfällt auf* allerlei seltsame Ideen. (Er kommt auf seltsame Gedanken.

in et. ~
- *Verfalle* nicht *in* die alten Fehler! (Mache nicht wieder die alten Fehler!)

vorfallen:
- Was *ist vorgefallen*? (Was ist passiert?)

zerfallen:
- Die Tabletten *zerfallen* im Wasser. (Sie lösen sich auf.)
- Das Buch *zerfällt in* drei Teile. (Es gliedert sich in drei Teile. Es hat drei Teile.)

mit jm
- Ich *bin mit* ihm *zerfallen*. (Wir vertragen uns nicht mehr.)

zufallen:
- Die Tür *ist zugefallen*. (Sie schloß sich von selbst.)
- Dem Bürgermeister *fällt* es *zu*, den hohen Gast zu empfangen. (Es ist seine Aufgabe.)

zurückfallen:
- Der deutsche Rennfahrer *ist* in diesem Rennen weit *zurückgefallen*. (Er ist einer der letzten.)
- Der Käufer konnte die Raten nicht bezahlen, deshalb *fiel* der Radioapparat an die Firma *zurück*. (Sie bekam ihn wieder.)

zusammenfallen:
- Wenn man Spinat kocht, *fällt* er *zusammen*. (Sein Volumen wird kleiner.)
- Durch diese Zeugenaussage ist die Anklage *in sich zusammengefallen*. (Sie hat ihr Fundament verloren.)

- Mein Geburtstag *fällt mit* dem meiner Schwester *zusammen*. (Er ist am gleichen Tag.)

fangen, fing, gefangen:
- Ich werfe dem Kind den Ball zu, und es *fängt* ihn.
- Die Polizei *fing* den Dieb sehr schnell. (Sie verhaftete ihn.)
- Das Haus *fing* Feuer. (Es begann zu brennen.)
- Der junge Mann *fing Feuer*. (Er begeisterte sich; oder: er verliebte sich; I.)

sich ~
- Nach dem ersten Schreck *fing* er *sich* schnell wieder. (Er beherrschte sich schnell wieder.)

abfangen:
- Die Polizisten *fingen* den Spion auf seinem Fluchtweg *ab*. (Sie erwarteten und fingen ihn.)

anfangen:
- Die Vorstellung *fängt* um acht Uhr *an*. (Sie beginnt.)
- Es *fing an* zu regnen. (Es begann zu regnen.)
- Was soll ich ohne dich *anfangen*? (Was soll ich ohne dich tun?)
- Er *hat klein angefangen*. (Er war am Anfang arm; I.)

et. mit. (jm) ~
- Wir *fangen* den Gottesdienst *mit* einem Choral *an*. (Wir beginnen ihn damit.)
- *Mit* ihm *ist* nichts *anzufangen*. (Mit ihm kann man nichts machen.)

von et. ~
- Er *fängt* immer wieder *von* derselben Sache *an*. (Er spricht immer davon.)

auffangen:
- Johanna *fing* den Ball *auf*. (Sie fing ihn.)
- Der Funker des Schiffes *hat* einen SOS-Ruf *aufgefangen*. (Er hat ihn mit seinem Gerät aufgenommen; er hörte ihn.)

einfangen:
- Die Kinder *fingen* den entflogenen Vogel *ein*. (Sie fingen ihn, sie nahmen ihm die Freiheit.)

empfangen:
- Der Hausherr *hat* die Gäste *empfangen* (Er hat sie begrüßt.)
- Er *empfing* eine hohe Belohnung. (Er bekam sie.)

verfangen:
- Diese Lüge *verfängt* bei mir nicht. (Ich glaube sie nicht.)

sich in et. ~
- Der Fisch *hat sich in* dem Netz *verfangen*. (Er konnte nicht loskommen.)
- Der Angeklagte *verfing sich in* seinen Lügen. (Er widersprach sich, jeder merkte, daß er log.)

fechten, focht, gefochten:
- Der Student *focht* mit dem Florett. (Er kämpfte damit; sportliche Übung.)

anfechten:
- Der Rechtsanwalt *hat* das Urteil *angefochten.* (Er legte Berufung ein; er erkannte es nicht an.)

ausfechten:
- Der junge Mann hatte mit seinem Vater einen harten Kampf *auszufechten,* bevor dieser seine Zustimmung gab. (Es gab einen heftigen Streit, einen harten Kampf.)

durchfechten:
- Der Kaufmann will die Angelegenheit vor Gericht *durchfechten.* (Er will deswegen einen Prozeß führen.)

verfechten:
- Der Redner *verfocht* seine Ideen. (Er setzte sich sehr für sie ein.)

finden, fand, gefunden:
- Die Kinder *fanden* ihren Vater im Garten.
- Keiner *hat* die Lösung des Rätsels *gefunden.* (Niemand wußte sie.)
- Ich *finde* keine Worte. (Ich weiß nicht, was ich sagen soll.)
- Der Film *fand* den Beifall des Publikums. (Er gefiel dem Publikum gut.)
- Viele Soldaten *haben* im Krieg *den Tod gefunden.* (Sie sind gefallen.)
- Ich *fand,* daß er schlecht aussieht. (Nach meiner Meinung sieht er schlecht aus.)
- Wie *finden* Sie das Buch? (Wie gefällt es Ihnen?)

sich ~
- Das Buch wird *sich* schon *finden.* (Es wird zum Vorschein kommen.)
- Es wird *sich* eine Stelle für den Studenten *finden.* (Es wird Arbeit für ihn geben.)
- Der junge Mann *hat zu sich* selbst *gefunden.* (Er hat sich und seine Möglichkeiten erkannt.)

abfinden:
jn mit et. ~
- Der Kaufmann *findet* seinen Teilhaber *mit* einer Geldsumme *ab.* (Er zahlt ihn aus; er entschädigt ihn.)

sich mit et. ~
- *Mit* den Dingen, die man nicht ändern kann, muß man *sich abfinden.* (Man muß sich zufrieden geben.)

auffinden:
- Herr Becker *ist* nicht *aufzufinden.* (Man kann ihn nicht finden.)

befinden:
sich ~
- Viele Amerikaner *befinden sich* zur Zeit in Deutschland. (Sie sind in Deutschland.)
- Der Eingang *befindet sich* auf der rechten Seite. (Er ist dort.)
- Ich *befinde mich* in Verlegenheit. (Ich bin in Verlegenheit.)

über et. ~
- Der Bundesgerichtshof *befindet über* die Beschwerden der Länder. (Er entscheidet darüber.)
einfinden:
sich ~
- Bitte *finden* Sie *sich* um 5 Uhr bei mir *ein!* (Kommen Sie um diese Zeit!)
empfinden:
- Er *empfindet* die Kälte. (Er spürt sie; er fühlt sie.)
- Ich *empfinde* die Sache *als* unangenehm. (Sie ist mir peinlich.)
et. an et. ~
- Hans *empfand* Freude *an* der modernen Kunst. (Er freute sich darüber.)
erfinden:
- Gutenberg *erfand* die Buchdruckerkunst. (Vor ihm gab es sie nicht; er schuf sie.)
- Der Dichter *erfindet* eine Geschichte. (Er denkt sie sich aus.)
- Er *hat* eine Ausrede *erfunden.* (Er hat gelogen.)
- Der Junge *hat das Pulver nicht erfunden.* (Er ist nicht klug; I.)
herausfinden:
- Herr Müller *fand* seinen Freund aus der Menge *heraus.* (Er entdeckte ihn in der Menge.)
- *Finden* Sie *heraus,* wo er wohnt! (Stellen Sie es fest!)
hineinfinden:
sich in et. ~
Ich *finde mich in* mein Arbeitsgebiet *hinein.* (Ich lerne es verstehen. Ich arbeite mich ein.)
vorfinden:
- Der Arbeiter *fand* gute Arbeitsbedingungen *vor.* (Er traf sie an.)
- Als ich mich in der Firma vorstellen wollte, *fand* ich mehrere andere Bewerber *vor.* (Sie waren schon da.)
zurechtfinden:
sich ~
- Ich *finde mich* in dem Kaufhaus nicht *zurecht.* (Ich finde nicht, was ich suche.)
flechten, flocht, geflochten:
- Der Korbmacher *flocht* Körbe. (Er stellte sie her.)
- Die Mutter *hat* das Haar des Kindes *geflochten.* (Sie hat ihm einen Zopf gemacht.)
einflechten:
- Ich *flechte* meine Wünsche in die Unterhaltung *ein.* (Ich erwähne sie. Ich sage sie nebenbei.)
entflechten:
- Der Industriekonzern soll *entflochten* werden. (Er soll in Einzelbetriebe aufgelöst werden.)

verflechten:
- Die Fabriken *sind* miteinander *verflochten*. (Sie stehen in enger Beziehung zueinander.)

fliegen, flog, geflogen:
- Ich *bin* nach Holland *geflogen*. (Ich machte die Reise im Flugzeug.)
- Ein deutscher Pilot *hat* die Maschine *geflogen*. (Er hat sie gesteuert.)
- Der Benzintank *flog in die Luft*. (Er explodierte.)
- Er *ist* aus seiner Stellung *geflogen*. (Er ist fristlos entlassen worden; I., U.)

abfliegen:
- Die Maschine *fliegt* um zwei Uhr *ab*. (Sie startet zu dieser Zeit.)

anfliegen:
- Wir *fliegen* Frankfurt *an*. (Wir landen in Frankfurt.)
- Die Krankheit kam wie *angeflogen*. (Ich weiß nicht woher.)

auffliegen:
- Die Tauben *fliegen auf*. (Sie fliegen hoch.)
- Der Schmugglerring *flog auf*. (Er wurde von der Polizei gesprengt; U.)

ausfliegen:
- Die ganze Familie *ist ausgeflogen*. (Sie ist nicht daheim; I.)

befliegen:
- Die Fluggesellschaft *befliegt* die Strecke Paris–New York. (Sie fliegt die Route regelmäßig.)

durchfliegen: (trennb. u. untrennb.)
- Die Maschine *hat* die Wolkendecke *durchflogen*. (Sie hat sie durchstoßen.)
- Der Junge *ist* bei der Prüfung *durchgeflogen*. (Er hat sie nicht bestanden; U., I.)

entfliegen:
- Der Vogel *ist entflogen*. (Er ist weggeflogen.)

überfliegen:
- Das Flugzeug *überfliegt* die Stadt. (Es fliegt über die Stadt hinweg.)
- Ich *habe* den Brief nur *überflogen*. (Ich habe ihn nur flüchtig gelesen.)

verfliegen:
- Äther *verfliegt* schnell. (Er verdunstet.)
- Der Nebel *verflog*. (Er verschwand.)
- Meine schlechte Laune *ist verflogen*. (Sie hat aufgehört.)
- Meine Müdigkeit *verflog* während des interessanten Gesprächs. (Sie verschwand.)

sich ~
- Die Brieftaube *hat sich verflogen*. (Sie ist falsch geflogen.)

zufliegen:
- Uns *flog* ein Wellensittich *zu*. (Er kam zu uns.)
- Die Tür *flog zu*. (Sie schloß sich durch einen Windstoß.)

- Dem Professor *fliegen* die Herzen der Studenten *zu*. (Er ist bei seinen Studenten sehr beliebt, I.)

fliehen, floh, geflohen:
- Der Verbrecher ist vor der Polizei *geflohen*. (Er ist weggelaufen, weil sie ihn verfolgten.)
- Ich *fliehe* die Gesellschaft. (Ich will nicht in Gesellschaft sein.)
- Der Schlaf *hat* mich seit Wochen *geflohen*. (Ich konnte nicht schlafen; lit.)
- Die Zeit *flieht*. (Sie vergeht sehr schnell.)

entfliehen:
- Man *entflieht* der Gefahr. (Man flieht und bringt sich in Sicherheit.)

fließen, floß, geflossen:
- Die Elbe *fließt* in die Nordsee. (Sie mündet in die Nordsee.)
- Der Rhein *fließt* durch Deutschland.
- Der Schweiß *floß in Strömen*. (Alle schwitzten sehr.)
- Bei der Revolution *ist* viel Blut *geflossen*. (Es gab viele Tote und Verletzte; I.)

abfließen:
- Das Wasser kann nicht *abfließen*. (Es wird aufgehalten.)
- Das Geld *fließt* ins Ausland *ab*. (Es wird dort angelegt.)

einfließen:
- Er ließ in die Unterhaltung *einfließen*, daß er viele Sprachen spricht. (Er sagte es nebenbei.)

überfließen:
- Der Eimer *floß über*. (Er war zu voll.)
- Die Augen *flossen* ihm *über*. (Er weinte; lit.)
- Wes das Herz voll ist, des *fließt* der Mund *über*. (Er muß davon erzählen; Sprw.)

fressen, fraß, gefressen:
- Mein Hund *frißt* gern Fleisch. (Er ißt es gern.)
- Ich *fresse* dich nicht. (Ich tue dir nichts; U.)
- Er *hat einen Narren an* dem Jungen *gefressen*. (Er mag ihn sehr; I.)

anfressen:
- Die Maus *hat* im Keller eine Wurst *angefressen*. (Sie nagte daran.)

ausfressen:
- Der Junge *hat* etwas *ausgefressen*. (Er hat etwas Dummes getan; U.)

einfressen:
    sich in et. ~
- Der Rost *frißt sich in* das Eisen *ein*. (Er beginnt es zu zerstören.)

frieren, fror, gefroren:
- Ich *friere*. (oder: Mich friert; mir ist kalt.)

- Das Wasser *ist gefroren*. (Es ist zu Eis geworden.)
- Es *hat* Stein und Bein *gefroren*. (Es war sehr kalt; I.)

einfrieren:
- Die Wasserleitung *ist eingefroren*. (Das Wasser in der Leitung ist Eis.)
- Das Kapital der Firma *ist* in einem anderen Land *eingefroren*. (Es liegt auf einem Sperrkonto, man kann nicht damit arbeiten.)

erfrieren:
- In diesem Winter *sind* viele Tiere im Wald *erfroren*. (Sie sind vor Kälte gestorben.)
- Ich *habe* mir die Füße *erfroren*. (Meine Füße sind durch die Kälte krank geworden.)

gefrieren:
- Es gefriert. (Es erstarrt zu Eis.

zufrieren:
- Der See *ist zugefroren*. (Er hat eine Eisdecke.)

gären, gor, gegoren (auch gärte, gegärt) (schwach meist in übertragener Form):
- Die Trauben in der Kelterei *goren*. (Aus Zucker wurde Alkohol.)
- Es *gärte* im Volk. (Es herrschte Unruhe und Unzufriedenheit.)

ausgären:
- Deine Ansichten *sind* nicht *ausgegoren*. (Sie sind unfertig.)

gebären, gebar, geboren:
- Die Frau *gebar* ein Kind. (Sie brachte es zur Welt.)

geben, gab, gegeben:
- Die Mutter *gibt* dem Kind den Ball.
- Meine Bank *gibt* mir einen Kredit. (Ich bekomme Kredit.)
- Der Vater *gibt* seine Einwilligung zur Hochzeit. (Er erlaubt die Hochzeit.)
- *Gib* mir Feuer! (Reiche mir ein Streichholz!)
- Der Konsul *gibt* ein Fest. (Er veranstaltet es.)
- Die Heizung *gibt* Wärme. (Sie liefert Wärme.)
- Die Kühe *geben* Milch. (Man bekommt sie von ihnen.)
- Die Lehrerin *gibt* Unterricht. (Sie unterrichtet.)
- Der Schüler *gab* eine Antwort. (Er antwortete.)
- Der Onkel *gibt* dem Neffen einen guten Rat. (Er berät ihn.)
- Der Richter *gibt* uns recht. (Das Urteil ist positiv für uns.)
- Drei mal drei *gibt* neun. (Das Resultat ist neun.)
- Wenn man ihm den kleinen Finger *gibt*, nimmt er gleich die ganze Hand. (Er nützt unsere Freundlichkeit aus; Sprw.)
- Ein Wort *gab* das andere. (Sie kamen in Streit; I.)

abgeben:
- Der Ofen *gibt* Wärme *ab*. (Er liefert Wärme.)
- Ich *gebe* meine Stimme *ab*. (Ich wähle.)
- Der Kritiker *gab* sein Urteil *ab*. (Er sagte sein Urteil.)

- Der Bruder *hat* seiner Schwester einen Apfel *abgegeben*. (Er schenkte ihn ihr.)

sich mit jm ~
- Der Förster *gab sich* viel *mit* seinen Hunden *ab*. (Er beschäftigte sich mit ihnen.)

angeben:
- Der Bursche *gibt an*. (Er übertreibt.)
- Mein Freund *gibt* den Treffpunkt *an*. (Er sagt, wo wir uns treffen wollen.)
- Der selbständige Kaufmann muß sein Einkommen *angeben*. (Er muß sagen, wie hoch es ist.)
- Dieser Gesellschaftskreis *gibt* in unserer Stadt *den Ton an*. (Er bestimmt den Lebensstil unserer Stadt; I.)

aufgeben:
- Das Paket müssen Sie am Schalter 4 *aufgeben*. (Sie können es von dort abschicken.)
- Die Lehrerin hat den Kindern viel *aufgegeben*. (Sie müssen viele Aufgaben machen.)
- Der Rennfahrer *gab auf*. (Er kämpfte nicht weiter.)
- Er *gab* die Hoffnung *auf*, noch gewinnen zu können. (Er hatte keine Hoffnung mehr.)

ausgeben:
- Die Familie *gibt* 100.— DM für Miete *aus*. (Sie bezahlt 100.— Mark.)

sich als jd ~
- Der Fremde *gab sich als* Graf *aus*. (Er sagte, er sei Graf, war es aber nicht. Er war ein Hochstapler.)

begeben:
sich ~
- Die Delegation *begibt sich* nach Hamburg. (Sie fährt nach Hamburg.)
- *Begeben* Sie *sich* an Ihre Arbeit! (Beginnen Sie zu arbeiten!)
- Der Sprengmeister *begibt sich* täglich *in Gefahr*. (Er gefährdet sich täglich.)
- Wer *sich in Gefahr begibt*, kommt darin um. (Sprw.)
- Ich *begebe mich* des Vorteils. (Ich verzichte darauf; lit.)

beigeben:
- Der Verlag *hat* seinem Schreiben eine Preisliste *beigegeben*. (Er schickte sie mit dem Brief.)
- Der Redner *gibt klein bei*. (Er gibt sich geschlagen, er lenkt ein. I.)

durchgeben:
- Der Postbeamte *hat* mir ein Telegramm *durchgegeben*. (Er sagte es mir telefonisch durch.)

eingeben:
- Die Schwester *gab* dem Kranken eine Medizin *ein*. (Er mußte sie nehmen.)

- Den Gedanken *hat* mir Gott *eingegeben*. (Der Gedanke kam von Gott zu mir.)
- Unsere Unterhaltung *hat* mir neue Ideen *eingegeben*. (Sie hat mich darauf gebracht.)

jn zu et. ∼
- Der Abteilungschef *gab* den Beamten *zur* Beförderung *ein*. (Er schlug ihn vor.)

ergeben:
- Fünf und vier *ergibt* neun. ($5 + 4 = 9$)
- Der Most *hat* einen guten Wein *ergeben*. (Es wurde ein guter Wein daraus.)
- Die Untersuchung *ergab* seine Unschuld. (Sie zeigte sie.)

sich ∼
- Die Truppe *ergibt sich* dem Gegner. (Sie legt die Waffen nieder; sie kämpft nicht mehr.)
- Der Arbeitslose *hat sich* dem Trunk *ergeben*. (Er trinkt.)

sich aus et. ∼
- *Aus* der Unterredung *ergab sich*, daß eine Einigung unmöglich war. (Die Unterredung zeigte das.)

freigeben:
- Man *gibt* den Gefangenen *frei*. (Man entläßt ihn.)
- Wegen der Hitze *gab* der Lehrer den Kindern *frei*. (Er schickte sie nach Hause.)
- Die Regierung *hat* fremde Vermögen *freigegeben*. (Man darf wieder über das Geld verfügen.)

herausgeben:
- Der Kellner konnte nicht *herausgeben*. (Er hatte kein Kleingeld.)
- Die Bank *gibt* Dokumente nur gegen Personalausweis *heraus*. (Man bekommt sie nur gegen Ausweis.)
- Dieser Verlag *gibt* Schulbücher *heraus*. (Er druckt und verlegt sie.)

hergeben:
- *Gib* das Messer *her*! (Gib mir das Messer!)

sich zu et. ∼
- *Dazu gebe* ich *mich* nicht *her*! (Ich tue das nicht! Ich bin mir dazu zu schade; U.)

hingeben:
sich jm (et.) ∼
- Meine Tochter *hat sich* ganz ihrem Beruf *hingegeben*. (Sie hat nur dafür Interesse.)

mitgeben:
- Die Mutter *gab* dem Kind zwei Mark *mit*. (Das Kind ging weg und bekam zwei Mark.)
- Der Vater *gab* seinem Sohn eine gute Ausbildung *mit*. (Er hatte ihn für sein späteres Leben gut ausbilden lassen.)

nachgeben:
- Der Feind *gibt nach.* (Er geht zurück.)
- Die Börsenkurse *geben nach.* (Sie fallen.)
- *Der Klügere gibt nach.* (Er streitet nicht; Sprw.)
- Der Vater *gab* den Bitten der Tochter *nach.* (Er ließ sich überreden.)

preisgeben:
- Mein Bruder *gab* ein lang gehütetes Geheimnis *preis.* (Er erzählte es.)

übergeben:
- Der Kultusminister *übergab* dem Dichter den Preis. (Er gab ihn ihm feierlich.)
- Die Brücke *wurde* dem Verkehr *übergeben.* (Sie wurde eingeweiht.)

sich ~
- Der Betrunkene *übergibt sich.* (Er muß brechen.)

umgeben:
- Der Wald *umgibt* die Stadt. (Sie liegt mitten in Wäldern.)
- Der Chef hat sich mit treuen Mitarbeitern *umgeben.* (Um ihn sind nur treue Mitarbeiter.)

vergeben:
- Unsere Schneiderin *hat* den Tag schon *vergeben.* (Sie hat an diesem Tag schon einen Termin. Sie ist nicht frei.)
- Mein Verlobter *hat* mir den Fehler *vergeben.* (Er hat ihn mir verziehen.)

et. an jn ~
- Die Stadt *wird* die Bauarbeiten *an* die Firma X *vergeben.* (Die Firma wird den Auftrag bekommen.)

sich et. ~
- Wenn ich das tue, *vergebe* ich *mir* etwas. (Ich erniedrige mich; U.)

vorgeben:
- Fritz *gab vor*, von dieser Sache nichts zu wissen. (Er leugnete, aber ich glaube ihm nicht.)
- Der Sportler *gibt* seinem Gegner 20 m *vor.* (Er gibt ihm einen Vorsprung.)

weitergeben:
- Die Zeitungen *geben* die Nachrichten *weiter.* (Sie verbreiten sie.)

wiedergeben:
- Ich *gebe* meiner Lehrerin das Buch *wieder.* (Ich gebe es zurück.)
- Der Student *gab* den Inhalt der Rede *wieder*, die der Professor gehalten hat. (Er wiederholte den Inhalt.)

zugeben:
- Ich *gebe* meinen Fehler *zu.* (Ich sage, daß ich weiß, daß ich einen Fehler gemacht habe.)
- Der Kaufmann *gibt* immer etwas *zu.* (Er gibt mehr, als er müßte.)
- Der Chor *hat* ein Lied *zugegeben.* (Er sang noch ein Lied.)

zurückgeben:
- Wann *geben* Sie mir das geborgte Buch *zurück?*
- Ich *gebe* dir dein Wort *zurück.* (Ich löse dich von deinem Versprechen.)
zusammengeben:
- Der Pfarrer *gab* das junge Paar *zusammen.* (Er traute es; I.)

gedeihen, gedieh, gediehen:
- Mein Sohn *gedeiht* gut. (Er entwickelt sich gut.)
- Die Verhandlungen *sind* weit *gediehen.* (Sie machen gute Fort-schritte.)
- Unrecht Gut *gedeihet* nicht. (Unrecht bringt keinen Nutzen; Sprw.)
angedeihen:
jm et. ~ lassen:
- Die Krankenschwester *ließ* ihm ausgezeichnete Pflege *angedeihen.* (papierdt.; besser: sie pflegte ihn sehr gut.)

gehen, ging, gegangen:
1. sich zu einem Ziel begeben (oder et. besuchen):
Die Schülerin *ging* in die Schule. (Sie ging zu Fuß, oder sie besuchte die Schule.) - Ich *gehe* zum Milchholen. - Bärbel *geht* auf die Hoch-schule für Lehrerbildung. - Der Matrose *ist* an Bord seines Schiffes *gegangen.* - Die Hochschullehrer *gehen* zur Industrie. (Sie arbeiten jetzt dort.)
übertr.:
Die Frau *ist* ins Wasser *gegangen.* (Sie hat gebadet; oder: Sie hat Selbstmord begangen.) - Du *gehst* mir auf die Nerven. (Ich kann dich nicht ertragen.) - *Gehe in* dich! (Bessere dich!) - Dein Wunsch *geht* in Erfüllung. (Du bekommst, was du gewünscht hast.) - Der Tod des Freundes *geht* mir *zu Herzen.* (Er macht mich traurig; I.)
2. Zu Fuß gehen; laufen:
- Ich *gehe* lieber *zu Fuß.*
- Der Junge *geht* im Sommer barfuß.
- Der Verwundete *geht* an Krücken.
übertr.:
- Er *geht* gut gekleidet. (Er zieht sich gut an.)
- Die Tante *geht* in Trauer. (Sie trägt Schwarz.)
- Der Verbrecher *geht auf den Leim.* (Er geht in die Falle; I.)
- Die Tür *geht* bald *aus dem Leim.* (Sie bricht auseinander; U., I.)
- Ich *gehe* meinem Chef *aus dem Wege.* (Ich meide ihn; I.)
- Der ehrgeizige Angestellte *geht über Leichen.* (Er handelt rücksichts-los; I.)
- Sie *geht* ihrem Vorgesetzten *um den Bart.* (Sie schmeichelt ihm; I.)
3. weggehen, abfahren:
- Der Zug *geht* um 12 Uhr.

übertr.:
- Der Beamte mußte in Pension *gehen*, weil er 65 war. (Er arbeitete nicht mehr.)
- Der Großvater *ist* am Sonntag *von* uns *gegangen*. (Er ist gestorben; I.)

4. in Bewegung sein:
- Meine Uhr *geht* nicht richtig. (Sie zeigt nicht die richtige Zeit.)
- Die Klingel *geht*. (Es läutet; oder: sie funktioniert.)

übertr.:
- Das Geschäft *geht* ausgezeichnet. (Es floriert.)
- Der Angriff *geht gegen* den Minister. (Er wird angegriffen.)
- Was *geht* hier *vor sich*? (Was geschieht? Was ist hier los?)

5. unpersönliche Ausdrücke:
- Sind Sie mit Ihrem Zimmer zufrieden? – *Es geht*. (Es gibt bessere, aber auch schlechtere Zimmer.)
- Wie *geht es* dir? – *Es geht* mir gut.
- Kannst du mich morgen besuchen? – Nein, morgen *geht* es nicht. (Es ist unmöglich.)
- *Es geht die Rede*, daß sich der Beamte hat bestechen lassen. (Man sagt es.)
- *Es geht auf* Mittag. (Es ist bald Mittag.)
- *Es geht um* meine Ehre. (Es handelt sich um meine Ehre.)

abgehen:
- Die Post *geht* um 8.30 *ab*. (Sie wird weggebracht.)
- Der Förster *geht* das Revier *ab*. (Er geht herum und kontrolliert es.)
- Diese Knöpfe *gehen* leicht *ab*. (Sie lösen sich leicht.)
- Es *ist* alles ausgezeichnet *abgegangen*. (Es ist gut verlaufen.)
- Ihm *geht* nichts *ab*. (Es fehlt ihm nichts.)

von et. ~
- Der Schüler *ging von* (aus) der achten Klasse *ab*. (Er verließ die Schule.)
- *Von* der Summe gehen noch 10 % *ab*. (Man muß soviel abziehen.)

angehen:
- Er *hat* mich um Geld *angegangen*. (Er bat mich um Geld.)
- Der Fall *geht* mich nichts *an*. (Er betrifft mich nicht.)
- Die Vorstellung *ist* um 8 Uhr *angegangen*. (Sie hat begonnen.)
- Das Fleisch *ist angegangen*. (Es ist leicht verdorben.)

aufgehen:
- Die Sonne *geht* im Sommer früh *auf*. (Sie erscheint am Horizont.)
- Die Saat *ist aufgegangen*. (Sie kommt aus der Erde.)
- Die Tür *ging auf*. (Sie öffnete sich.)
- Die Rechenaufgabe *geht auf*. (Es bleibt kein Rest.)
- Das Haus *ging* in Flammen *auf*. (Es verbrannte ganz.)
- Mir *sind die Augen aufgegangen*. (Ich habe et. durchschaut; I.)
- Ihm *geht ein Licht auf*. (Er hat plötzlich verstanden; I., U.)

auseinandergehen:
- Die Freunde *gehen auseinander.* (Sie trennen sich.)

ausgehen:
- Die Familie *geht aus.* (Sie verläßt das Haus; meistens zum Vergnügen.)
- Der Film *ging* gut *aus.* (Er hatte ein gutes Ende.)
- Das Feuer *ist ausgegangen.* (Es ist erloschen.)
- Kirschen *sind ausgegangen.* (Es gibt keine Kirschen mehr zu kaufen.)
- Dem alten Mann *sind* die Haare *ausgegangen.* (Er hat sie verloren.)

auf et. ∼
- Der Geschäftsmann *geht auf* Betrug *aus.* (Er versucht zu betrügen.)

von et. ∼
- Die Gemeinheit *geht von* meinem Nachbarn *aus.* (Er ist der Urheber.)
- Der Schüler *ging von* falschen Voraussetzungen *aus.* (Er begann mit falschen Voraussetzungen.)

begehen:
- Der Inhaber der Firma *beging* seinen Geburtstag. (Er feierte ihn.)
- Sie *begehen* einen Fehler. (Sie machen ihn.)
- Der Verbrecher *hat* den Mord *begangen.* (Er führte ihn aus.)

durchgehen:
- Die Pferde *sind durchgegangen.* (Man konnte sie nicht halten.)
- Der Antrag *ging durch.* (Er wurde genehmigt.)
- Der Buchhalter *geht* die Rechnungen *durch.* (Er prüft sie genau.)
- Der Kassierer *ist mit* der Kasse *durchgegangen.* (Er ist damit geflohen.)

et. ∼ lassen
- Der Polizist *ließ* die Verkehrsüberschreitung *durchgehen.* (Er machte keine Anzeige.)

eingehen:
- Die Gelder *gehen ein.* (Sie treffen ein, sie kommen an.)
- Die Firma *ist eingegangen.* (Sie existiert nicht mehr.)
- Die Firma *ist* Verpflichtungen *eingegangen.* (Sie hat sich verpflichtet.)
- Das Kleid *ist eingegangen.* (Es ist durchs Waschen kleiner geworden.)

auf et. ∼
- Er *ging auf* meinen Vorschlag *ein.* (Er zeigte Interesse dafür; oder: Er war damit einverstanden.)

entgehen:
- Das Geschäft *ist* mir *entgangen.* (Ich habe den Auftrag nicht bekommen.)
- Die Anzeige in der Zeitung *ist* meiner Aufmerksamkeit *entgangen.* (Ich habe sie nicht gelesen.)

sich ∼
- Sie läßt *sich* nichts *entgehen.* (Sie lebt gut.)

ergehen:
- Wie *ist* es Ihnen in Kanada *ergangen?* (Wie ist es Ihnen gegangen?)
- Es *ergeht* auch eine Einladung an Sie. (Sie bekommen sie.)

sich ~
- Der Kurgast *erging sich* im Park. (Er ging dort spazieren; lit.)
- Er *erging sich* in leeren Redereien. (Er redete Phrasen.)

hergehen:
- Bei der Feier *ging* es hoch *her*. (Man war sehr lustig.)

hervorgehen:
aus et. ~
- Die Zeißwerke *sind aus* einer kleinen Optikerwerkstatt *hervorgegangen*. (Sie entwickelten sich daraus.)

hinausgehen:
- *Gehen* Sie *hinaus!* (Verlassen Sie das Zimmer!)

auf et. ~
- Dein Vorschlag *geht auf* das Gleiche *hinaus*. (Das Resultat ist gleich.)

hingehen:
- *Geh* zu ihm *hin!* (Besuche ihn!)
- Die Zeit *geht hin*. (Sie vergeht.)

hinweggehen:
über et. ~
- Er *ist über* meine Frage *hinweggegangen*. (Er beantwortete sie nicht.)
- Der Lehrer kann *über* die Frechheit des Schülers nicht *hinweggehen*. (Er kann sie nicht übersehen.)

hintergehen:
- Er *hat* mich dauernd *hintergangen*. (Er hat mich betrogen.)

hochgehen:
- Die Polizei ließ den Schmugglerring *hochgehen*. (Sie nahm die Bande fest.)
- Er wird *hochgehen*, wenn er das hört. (Er wird wütend sein; U.)

losgehen:
- Das Fußballspiel *geht* um 3 Uhr *los*. (Es beginnt; U.)
- Der Schuß ist *losgegangen*. (Die Waffe hat sich entladen.)

auf jn ~
- Der Hund *geht auf* den Mann *los*. (Er greift ihn an.)

mitgehen:
mit jm ~
- Das Kind *geht mit* meinem Mann *mit*. (Es begleitet ihn.)
- Die Studenten *gingen* begeistert *mit* den Gedankengängen des Professors *mit*. (Sie folgten ihnen.)

nachgehen:
- Die Uhr *geht nach*. (Sie geht zu langsam.)
- Der junge Mann *ging* dem Mädchen *nach*. (Er folgte ihr.)
- Viele Frauen *gehen* heute einem Beruf *nach*. (Sie arbeiten in einem Beruf.)

nahegehen:
- Der Tod meines Freundes *geht* mir *nahe.* (Er tut mir weh.)

übergehen: (trennb. u. untrennb.)
- Man *hat* Herrn Müller bei der Beförderung *übergangen.* (Man hat ihn nicht berücksichtigt.)
- Er *hat* seinen Hunger *übergangen.* (Er hat trotz seines Hungers nicht gegessen.)
- Mir *sind die Augen übergegangen,* als ich die Preise hörte. (Ich war entsetzt; I.)

zu jm (et.) ~
- Der Deserteur *geht zu* dem Feind *über.* (Er läuft über.)
- *Gehen* wir *zur* Tagesordnung *über!* (Beginnen wir damit!)

umgehen: (trennb. u. untrennb.)
- Der Arzt *umgeht* eine deutliche Antwort. (Er vermeidet sie.)
- Im März *ist* die Grippe *umgegangen.* (Es gab viele Grippekranke; U.)

mit et. (jm) ~
- Die Assistentin *geht mit* dem Apparat vorsichtig *um.* (Sie behandelt ihn vorsichtig.)

untergehen:
- Das Schiff *ist untergegangen.* (Es ist gesunken.)
- Die Sonne *geht unter.* (Sie verschwindet am Abend.)
- Die letzten Worte des Redners *gingen* im Beifall *unter.* (Sie wurden nicht mehr verstanden.)

vergehen:
- Die Zeit *vergeht* schnell. (Sie eilt schnell vorüber.)
- Im Juli *verging* kein Tag ohne Regen. (Es regnete jeden Tag.)
- Meine Kopfschmerzen *vergehen.* (Sie hören auf.)

sich an jm ~
- Der Verbrecher *verging sich an* dem Kind. (Er mißbrauchte es.)

vorangehen:
- Unser Hausbau *geht* gut *voran.* (Er macht gute Fortschritte.)
- Der Pfarrer *geht* seiner Gemeinde *mit gutem Beispiel voran.* (Er gibt ein gutes Beispiel.)

vorbeigehen (vorübergehen):
- Mein Freund *geht* an unserem Haus *vorbei (vorüber).* (Er kommt nicht herein.)
- Die schönsten Tage unseres Lebens gehen am schnellsten *vorbei (vorüber).* (Sie vergehen zu schnell.)

vorgehen:
- *Gehen* Sie *vor,* ich komme nach!
- Die Uhr *geht vor.* (Sie geht zu schnell.)
- Das Alter *geht vor.* (Man muß es bevorzugt behandeln; es hat den Vortritt.)

– **Was** *geht* hier *vor?* (Was geschieht hier?)

zergehen:
  – Die Butter *zergeht* in der heißen Pfanne. (Sie wird flüssig.)

zugehen:
  – Der Koffer *geht* nicht *zu*. (Er läßt sich nicht schließen.)
  – Die Nachricht *ist* mir gestern *zugegangen*. (Ich bekam sie gestern.)
  – Auf dem Fest *ging* es laut und lustig *zu*. (Man war laut und lustig.)
  – Es *geht nicht mit rechten Dingen zu*. (Die Sache ist nicht klar; I.)

auf jn (et.) ~
  – Der Herr *geht auf* die Dame *zu*. (Er geht ihr entgegen.)
  – Es *geht auf* Ostern *zu*. (Ostern kommt bald.)

gelingen, gelang, gelungen:
  – Der Kuchen *ist* gut *gelungen*. (Er ist gut geworden.)
  – Es *gelang* mir, die Stellung zu bekommen. (Ich hatte Erfolg.)

mißlingen:
  – Das Experiment *ist mißlungen*. (Es war erfolglos.)

gelten, galt, gegolten:
  – Beim Fußballspiel *gelten* bestimmte Regeln. (Es gibt sie.)
  – Der Paß *gilt* nicht mehr. (Er ist abgelaufen.)
  – Seine Freundschaft *hat* mir viel *gegolten*. (Sie war mir wertvoll.)
  – Die Entschuldigung lasse ich *gelten*. (Ich erkenne sie an.)
  – Die begeisterten Blicke *haben* der jungen Dame neben mir *gegolten*. (Sie waren für die Dame bestimmt.)

es gilt
  – *Es gilt!* (Abgemacht!)
  – *Es gilt* aufzupassen! (Es ist wichtig aufzupassen!)
  – *Es galt*, den Verbrechern eine Falle zu stellen. (Das war das Ziel.)

für (als) et. ~
  – Die Rinder Dänemarks *gelten für (als)* die besten Milchkühe. (Man hält sie für die besten.)

entgelten:
  – Das soll er mir *entgelten*. (Er muß dafür bezahlen; ich werde mich rächen.)

vergelten:
  – *Vergelt's Gott!* (Gott möge dich belohnen. Danke! U.)

et. mit et. ~
  – Du sollst nicht Gutes *mit* Bösem *vergelten*. (Du sollst nicht auf eine gute Tat mit einer schlechten antworten; I.)
  – Er *hat* Gleiches *mit* Gleichem *vergolten*. (Er rächte sich; I.)

genesen, genas, genesen:

von et. ~
  – Der Vater *ist von* einer Krankheit *genesen*. (Er ist gesund geworden.)
  – Die Frau *genas* eines Kindes. (Sie hat ein Kind geboren. lit.)

genießen, genoß, genossen:
- Der alte Apotheker *genießt* den guten Wein. (Er trinkt ihn mit Freude.)
- Die Konzertbesucher *genießen* das Konzert. (Sie hören voll Freude zu.)
- Die Wurst *ist* nicht zu *genießen*. (Man kann sie nicht essen.)
- Der Chef *ist* heute nicht zu *genießen*. (Er hat schlechte Laune.)
- Der Staatsmann *hat* hohes Ansehen *genossen*. (Er wurde geachtet.)

geschehen, geschah, geschehen:
- Heute muß etwas *geschehen!* (Heute muß etwas getan werden!)
- Es *ist* ein Wunder *geschehen*. (Es hat sich ein Wunder ereignet.)
- Dir wird nichts *geschehen*. (Niemand wird dir etwas Böses antun.)
- Das *geschieht* ihm *recht!* (Das hat er verdient! U.)

gewinnen, gewann, gewonnen:
- Der Sportverein HSV *gewann*. (Er siegte.)
- Der Rentner *gewinnt* ein Haus. (Er bekommt es durch eine Lotterie.)
- Im Bergwerk wird Kohle *gewonnen*. (Man holt sie aus der Erde.)
- Der Vortragende *gewann die Herzen* aller Zuhörer. (Er brachte sie auf seine Seite.)
- Die Dame *hat durch* die neue Frisur *gewonnen*. (Sie sieht viel besser aus.)
an et. ~
- Diese Stadt *gewinnt* immer mehr *an* Bedeutung. (Sie wird wichtiger.)
jn für et. ~
- Ich *habe* meinen Freund *für* meine Pläne *gewonnen*. (Er hat meinen Plänen zugestimmt.)

liebgewinnen:
- Die Krankenschwester *gewann* den kleinen Patienten *lieb*. (Sie schloß ihn in ihr Herz.)

gießen, goß, gegossen:
- Das Mädchen *gießt* die Blumen. (Es gibt ihnen Wasser.)
- Die Mutter *gießt* Kaffee in eine Tasse. (Sie füllt die Tasse.)
- Der Former *gießt* ein Zahnrad. (Er gießt das heiße Metall in eine Form.)
- Es *goß* in Strömen. (Es regnete sehr; U.)

aufgießen:
- Meine Tochter *gießt* den Tee *auf*. (Sie gibt das heiße Wasser über die Teeblätter.)

ausgießen:
- Das Dienstmädchen *gießt* den Wassereimer *aus*. (Es leert ihn.)

begießen:
- Wir *begießen* die Blumen. (Wir geben ihnen Wasser.)
- Wir *haben* das Examen *begossen*. (Wir feierten es mit viel Alkohol.)

eingießen:
- Der Wirt *gießt* die Gläser *ein*. (Er füllt sie.)

ergießen:
sich ~
- Das Wasser *ergoß sich* über die Wiese. (Es überschwemmte sie.)
- Ein Redestrom *hat sich* über die Zuhörer *ergossen*. (Der Redner hat zuviel geredet.)

vergießen:
- Die Freundinnen *haben* beim Abschied viele Tränen *vergossen*. (Sie haben sehr geweint.)

gleichen, glich, geglichen:
- Sie *gleicht* ihrer Mutter. (Sie ist ihrer Mutter ähnlich.)

angleichen:
- Die Eheleute müssen sich einander *angleichen*. (Sie müssen sich einander anpassen.)

ausgleichen:
- Die Meinungsverschiedenheiten *wurden ausgeglichen*. (Sie wurden durch einen Kompromiß beseitigt.)
- Ich *glich* mein Konto *aus*. (Ich brachte es in Ordnung.)

begleichen:
- Herr Berger *hat* heute seine Rechnungen *beglichen*. (Er hat sie bezahlt.)

vergleichen:
- Die Schüler *vergleichen* ihre Arbeiten. (Sie suchen die Unterschiede.)
sich ~
- Die streitenden Parteien *haben sich* vor Gericht *verglichen*. (Sie haben sich geeinigt, weil jeder et. nachgab.)

gleiten, glitt, geglitten:
- Das Boot *gleitet* über das Wasser. (Es fährt leise und ohne Mühe.)

abgleiten:
- Der Junge *ist* von dem Steg *abgeglitten* und ins Wasser gefallen. (Er rutschte aus.)
- Die Beschuldigungen *glitten* von ihm *ab*. (Sie trafen ihn nicht, sie beeindruckten ihn nicht.)

ausgleiten:
- Bei Glatteis *gleiten* viele Menschen *aus*. (Sie fallen hin.)

entgleiten:
- Das Glas *ist* meinen Händen *entglitten*. (Es fiel hinunter.)
- Der Sohn *entglitt* seinen Eltern. (Sie verloren den Einfluß auf ihn.)

glimmen, glomm, geglommen (oder: glimmte, geglimmt):
- Die Zigarette *hat geglimmt*. (Sie hat geglüht.)
- Eine schwache Hoffnung *glimmt* noch. (Es gibt noch eine schwache Hoffnung.)

verglimmen:
- Die Glut im Ofen *verglimmt*. (Das Feuer geht langsam aus.)

graben, grub, gegraben:
- Die Arbeiter *graben* einen Brunnen.
- Wer andern eine Grube *gräbt*, fällt selbst hinein. (Wer anderen schaden will, schadet sich oft selbst; Sprw.)

nach et. ~
- Der Goldgräber *gräbt nach* Gold. (Er sucht Gold.)

abgraben:
- Ich *habe* ihm das Wasser *abgegraben*. (Ich nahm ihm die Existenzmöglichkeit; I.)

ausgraben:
- Der Wissenschaftler *grub* eine antike Statue *aus*. (Er holte sie aus dem Boden.)

umgraben:
- Der Knecht *gräbt* den Garten *um*. (Er wendet die Erde mit dem Spaten.)

untergraben:
- Der Trinker *untergräbt* seine Gesundheit. (Er schadet allmählich seiner Gesundheit.)

vergraben:
- Der Dieb *vergrub* seine Beute. (Er versteckte sie im Boden.)

begraben:
- Herr X. ist gestorben. Er wird morgen *begraben*.

sich ~ lassen
- *Laß dich begraben!* (Mit dir ist nichts los. U)

greifen, griff, gegriffen:
- Die Polizei *greift* den Brandstifter. (Sie verhaftet ihn.)
- Der alte Herr *greift nach* seinem Hut. (Er will ihn in die Hand nehmen.)
- Jeder Schwerkranke *greift nach* dem Strohhalm. (Er glaubt an die letzte schwache Hoffnung einer Besserung; I.)
- Der Onkel *hat* seinem Neffen *unter die Arme gegriffen*. (Er half ihm; I.)
- Der Dichter *griff zur Feder*. (Er schrieb et.; I.)
- Das Leid der Flüchtlinge *greift ans Herz*. (Es erschüttert; I.)
- Er *hat ins Wespennest gegriffen*. (Er hat eine gefährliche Sache angerührt; I.)

um sich ~
- Das Feuer *griff* schnell *um sich*. (Es breitete sich schnell aus.)

angreifen:
- Der Feind *greift an*. (Er stürmt vor.)
- Die Säure *hat* die Hände des Chemikers *angegriffen*. (Sie hat begonnen, die Haut zu zerstören.)
- *Greife* deine Ersparnisse nicht *an!* (Gib nichts davon aus!)

aufgreifen:
- Der Landstreicher wurde *aufgegriffen*. (Die Polizei nahm ihn mit.)

- Der Abgeordnete *griff* den Gedanken seines Vorredners *auf*. (Er ging auf ihn ein; er setzte ihn fort.)

begreifen:
- Der Schüler *begreift* die Regel nicht. (Er versteht sie nicht.)

durchgreifen:
- Die Polizei *hat durchgegriffen*. (Sie ist energisch vorgegangen.)

eingreifen:
- Der Chef der Firma *greift ein*. (Er nimmt die Sache in die Hand.)

in et. ~
- Der Richter *griff in* die Vernehmung *ein*. (Er fragte selbst.)

ergreifen:
- Der Polizist *hat* sein Notizbuch *ergriffen*. (Er nahm es in die Hand.)
- Er *ergriff* die erste Gelegenheit, um mit mir zu sprechen. (Er benutzte sie.)
- Welchen Beruf *hat* er *ergriffen?* (Welchen Beruf hat er gewählt?)
- Die Musik *ergreift* den Zuhörer. (Sie bewegt ihn.)

übergreifen:
auf et. ~
- Der Streik *greift auf* weitere Fabriken *über*. (Er breitet sich aus.)

vergreifen:
sich an et. ~
- Der Mann *hat sich an* fremdem Eigentum *vergriffen*. (Er hat gestohlen; lit.)

sich in et. ~
- Du *hast* dich *im* Ausdruck *vergriffen*. (Du hast einen falschen, vielleicht beleidigenden Ausdruck gewählt.)

vorgreifen:
- Bitte, *greifen* Sie nicht *vor*. (Bitte kommen Sie nicht auf ein Thema, das erst später an der Reihe ist!)

zugreifen:
- *Greifen* Sie *zu!* (Nehmen Sie etwas! Bedienen Sie sich!)

haben, hatte, gehabt:
1. besitzen:
- Wir *haben* ein Haus.
- Franz *hat* eine Schwester.
- Wir *hatten* auf unserer Reise gutes Wetter.
- Wir *haben* die Erlaubnis, hier zu baden.
- Keine Zeit, ich *habe Eile!*
- Was *hast* du? (Was fehlt dir? Was ist mit dir los?)
- Die Rechenaufgabe *hat es in sich*. (Sie macht Schwierigkeiten; I.)

et. bei sich ~
- *Hast* du Geld *bei dir?* (Hast du Geld mit?)

et. gegen jn ~
- Ich *habe etwas gegen* unhöfliche Menschen. (Ich mag sie nicht.)

2. halten:
   - Ich *habe* das Paket in der Hand.
3. erhalten, bekommen:
   - *Habe Dank!* (Sei bedankt! lit.)
   - Diese Wolle *ist* hier nicht zu *haben.* (Man kann sie hier nicht kaufen.)
   - Das *haben* wir noch nicht *gehabt.* (Das haben wir im Unterricht noch nicht besprochen.)
   - Du *hast* mich *zum Besten gehabt.* (Du hast mich genarrt; I.)

anhaben:
   - Der Herr *hatte* einen dunklen Anzug *an.* (Er trug ihn.)
   - Man konnte mir in dieser Sache nichts *anhaben.* (Man konnte nichts gegen mich machen; I.)

aufhaben:
   - Du *hast* den Hut *auf.* (Du hast ihn auf dem Kopf.)
   - Er *hat* die Augen *auf.* (Sie sind offen.)
   - Ihr *hattet* viele Schulaufgaben *auf.* (Ihr mußtet zu Hause viel arbeiten.)

überhaben:
   - Der Bauer *hatte* Kartoffeln *über.* (Er hatte mehr, als er brauchte; U.)
   - Ich *habe* das viele Gerede *über.* (Ich kann es nicht mehr hören; U.)

vorhaben:
   - Was *hast* du heute abend *vor?* (Was willst du tun?)
   - Ich *habe vor,* mir einen Wagen zu kaufen. (Ich will das tun.)

zusammenhaben:
   - Der Mann *hat* das Geld für ein Haus *zusammen.* (Er hat genug gespart.)

halten, hielt, gehalten:
   - Die Mutter *hält* das Kind an der Hand.
   - Der Dichter *hielt* eine interessante Rede. (Er redete über ein interessantes Thema.)
   - Ich *halte* eine Zeitung. (Ich habe sie in der Hand; oder: ich habe sie abonniert.)
   - *Halte* den Mund! (Sei still! U.)
   - Die Firma *hält* ihre Angestellten *kurz.* (Sie ist streng zu ihnen; oder: Sie bezahlt ihnen wenig.)
   - Der Freund *hat* sein Wort *gehalten.* (Er hat sein Versprechen erfüllt.)
   - Der Vater *hält* den Garten in Ordnung. (Er sorgt für den Garten.)

sich ~
   - Das Wetter *hat sich gehalten.* (Es hat nicht geregnet.)

sich an et. ~
   - Er *hielt sich an* die Bestimmungen. (Er richtete sich danach.)

auf et. ~
   - Der Lehrer *hält auf* Ordnung in seiner Klasse. (Ordnung ist ihm sehr wichtig.)

– Das Mädchen *hält auf sich.* (Es ist ordentlich in seiner Kleidung und seinem Benehmen.)

jn für jn ∼
– Ich *halte* diesen Mann *für* meinen Gegner. (Ich glaube, er ist mein Feind.)

es mit jm ∼
– Er *hält es mit* der Regierung. (Er steht auf ihrer Seite.)

et. von jm (et.) ∼
– *Halten* Sie etwas *von* der Sache? (Glauben Sie, daß sie Erfolg haben wird?)

abhalten:
– Der Schirm *hielt* den Regen *ab.* (Er schützte mich davor.)
– Die Konferenz wurde am Mittwoch *abgehalten.* (Sie war am Mittwoch.)

jn von et. ∼
– Du hast mich *von* der Arbeit *abgehalten.* (Ich konnte deinetwegen nicht arbeiten.)
– Er ließ sich nicht *davon abhalten,* die Rechnung für alle zu bezahlen. (Man konnte ihn nicht daran hindern.)

anhalten:
– Die Polizei *hielt* den Wagen *an.* (Sie stoppte ihn.)
– Der Regen *hielt* 14 Tage *an.* (Er dauerte so lange.)
– Ich *hielt* vor Entsetzen den Atem *an.* (Ich atmete nicht.)
– Der junge Mann *hielt* bei den Eltern *um die Hand* ihrer Tochter *an.* (Er bat, sie heiraten zu dürfen; I.)

jn zu et. ∼
– Der Meister *hält* den Lehrjungen *zur* Arbeit *an.* (Er sorgt dafür, daß der Junge arbeitet.)

aufhalten:
– Er *hielt* mir die Tür *auf.* (Er hielt die Tür, damit ich durchkonnte.)
– *Halte* die Augen *auf!* (Sei aufmerksam!)

sich ∼
– Der Kranke *hält sich* im Zimmer *auf.* (Er ist im Zimmer.)

jn mit et. ∼
– *Halte* mich nicht *mit* diesem Gerede *auf!* (Nimm mir nicht die Zeit!)

aushalten:
– Der Europäer *hielt* die Hitze in Afrika nicht *aus.* (Er ertrug sie nicht.)
– Trotz schwerer Arbeit *hat* das Mädchen in der Stellung *ausgehalten.* (Es blieb in der Stellung.)

behalten:
– Müllers *behalten* ihren Wagen. (Sie verkaufen ihn nicht.)
– *Behalte* mich lieb! (Liebe mich immer; vergiß mich nicht!)
– Können Sie die Telefonnummer *behalten?* (Können Sie sich die Nummer merken?)

et. für sich ∼
– *Behalte,* was ich dir erzählt habe, *für dich!* (Sage es niemand!)

beibehalten:
- *Behalten* Sie diese Richtung *bei!* (Fahren Sie in dieser Richtung weiter!)
- Die neue Regierung *behält* die alten Bestimmungen *bei.* (Sie ändert sie nicht.)

durchhalten:
- Du mußt *durchhalten!* (Gib nicht auf!)

einbehalten:
- Die Firma *hat* den Betrag *einbehalten.* (Sie zahlte ihn nicht aus.)

einhalten:
- Die Termine müssen *eingehalten* werden. (Man muß sie beachten.)

enthalten:
- Das Paket *enthält* Wäsche und Kleidung. (Wäsche und Kleider sind der Inhalt.)

sich einer Sache ∼
- Der Abgeordnete *enthält sich* der Stimme. (Er stimmt nicht dafür und nicht dagegen.)

erhalten:
- Der Künstler *erhält* einen Brief. (Er bekam ihn.)
- Alte Bauwerke werden von der Stadt *erhalten.* (Sie werden gepflegt.)
- *Erhalten* Sie mir Ihre Freundschaft! (Bleiben Sie mein Freund!)

festhalten:
- Das Kind *hält* seine Puppe *fest.* (Es läßt sie nicht los.)
- Der Kranke *hält sich an* dem Treppengeländer *fest.* (Er stützt sich darauf.)
- Das Protokoll *hielt* den Ablauf der Sitzung *fest.* (Dort war alles aufgeschrieben.)

an et. ∼
- Der Staatsanwalt *hielt an* seinem Urteil *fest.* (Er änderte es nicht.)

freihalten:
- *Halte* mir einen Platz *frei!* (Reserviere ihn für mich!)
- Er *hält* die ganze Gesellschaft *frei.* (Er bezahlt für alle. I.)

haushalten:
mit et. ∼
- Er kann *mit* seinem Geld nicht *haushalten.* (Er kann es nicht einteilen.)
- Der Mann muß *mit* seinen Kräften *haushalten.* (Er muß vernünftig leben.)

hinhalten:
- Die Tante *hielt* mir die Hand zum Gruß *hin.* (Sie reichte sie mir.)
- Der Schuldner *hält* seine Gläubiger *hin.* (Er vertröstet sie.)

innehalten:
- Er *hielt* in seiner Arbeit *inne.* (Er unterbrach sie; lit.)

standhalten:
- Der Damm *hat* den Wassermassen *standgehalten*. (Er gab nicht nach. Er brach nicht.)

unterhalten: (trennb. u. untrennb.)
- Der Gastwirt *hält* das Glas *unter*. (Er hält es unter den Hahn.)
- Der Staat *unterhält* die Schulen. (Er trägt die Kosten.)
- Der kinderlose Onkel *unterhält* seinen Neffen während des Studiums. (Er zahlt sein Studium.)

sich ~
- *Haben* Sie *sich* auf dem Ball gut *unterhalten?* (Haben Sie sich amüsiert?)

sich mit jm ~
- Ich *unterhalte mich mit* meinem Freund. (Wir führen ein Gespräch.)

verhalten:
sich ~
- Der Beamte *hat sich* korrekt *verhalten*. (Er ist korrekt gewesen.)
- Wie *verhält sich* die Sache? (Wie ist sie wirklich?)

vorbehalten:
sich et. ~
- Der Präsident *behielt sich* die Entscheidung *vor*. (Er wollte selbst entscheiden.)

vorhalten:
- *Halte* die Hand *vor*, wenn du gähnst! (Halte sie vor den Mund!)
- Die dünne Suppe *hat* nicht lange *vorgehalten*. (Sie hat nicht gesättigt.)
- Mein Freund *hält* mir meine Fehler *vor*. (Er zeigt sie mir. Er tadelt
mich.)

zurückhalten:
- Der Bauer *hält* seinen wütenden Hund *zurück*. (Er läßt ihn nicht
frei.)

mit et. ~
- Die Abgeordneten *halten* nicht *mit* ihrer Meinung *zurück*. (Sie sagen sie
offen.)

zusammenhalten:
- Die Familie *hält* fest *zusammen*. (Einer ist für den anderen da.)
- Er *hielt* sein Geld *zusammen*. (Er sparte.)

hängen, hing, gehangen (intrans.) – hängen, hängte, gehängt (trans.)
- Das Bild *hing* an dem Nagel. (Es war dort.)
- Er *hängte* es an den Nagel. (Er machte es dort fest.)
- Nach der Explosion *hingen* dicke Rauchwolken über der Fabrik. (Sie
waren dort.)
- Der Mann *hängt den Mantel nach dem Wind*. (Er ist ein Opportunist; I.)
- Er *hat* seinen Beruf *an den Nagel gehängt*. (Er hat ihn aufgegeben; U., I.)
- Der Gelehrte *hängt sein Herz* nur *an* seine Bücher. (Er liebt nur seine
Bücher.)

an jm (et.) ~
- Ich *hänge* sehr *an* meiner Mutter. (Ich liebe sie sehr.)
- Die Studenten *hingen an* den Lippen des Professors. (Sie hörten sehr aufmerksam zu; I.)
- Der Redakteur *hängt* täglich stundenlang *am* Telefon. (Er telefoniert viel.)
- Sein Leben *hing an* einem seidenen Faden. (Er war sehr krank; I.)

jn ~ lassen
- Mein Freund *ließ* mich *hängen*. (Er hielt sein Versprechen nicht; I.)

sich an jn ~
- Der Bursche *hängt sich an* mich. (Er drängt sich mir auf.)

abhängen:
- Der Chauffeur *hängte* den Anhänger *ab*. (Er machte ihn los.)
- Bei dem Rennen *hängte* Moss die anderen Fahrer *ab*. (Er ließ sie weit zurück.)

von jm (et.) ~
- Die Besetzung des Ministerpostens *hängt von* dem Ausgang der Wahlen *ab*. (Sie wird durch das Wahlresultat entschieden.)
- Unser Erfolg *hing von* seiner Hilfe *ab*. (Es kam auf seine Hilfe an.)

aushängen:
- Die Bilder der Sängerin *hingen* bei dem Photographen *aus*. (Sie wurden in dem Schaufenster gezeigt.)

sich ~
- Die zerdrückten Kleider *hingen sich aus*. (Sie wurden ohne Bügeln wieder glatt.)

behängen:
- Mein Sohn *behängte* die Wände seines Zimmers mit Bildern. (Er hängte sehr viele Bilder auf.)

einhängen:
- Ich *hängte* einfach *ein*. (Ich legte den Telefonhörer auf.)

heraushängen:
- Die Fahne *hängt* zum Dachfenster *heraus*.
- Die Sache *hängt* mir zum Hals *heraus*. (Ich habe genug davon; U.)

heben, hob, gehoben:
- Die Mutter *hob* das Kind in den Kinderwagen. (Sie nahm es mit den Armen hoch und setzte es hinein.)
- Der Student *hob* das Glas. (Er trank jm zu.)
- Der Zeuge *hat* die Hand zum Schwur *gehoben*. (Er sagte den Eid.)
- Man *hebt* die gesunkenen Schiffe. (Man holt sie vom Meeresgrund.)
- Der Kaufmann kann den Umsatz *heben*. (Er steigert ihn; er verkauft mehr.)
- Der Redner *hob* die Stimme. (Er s ach lauter.)
- Die Patientin *hebt* den Arzt *in den Himmel*. (Sie lobt ihn sehr.)

sich ~
- Nach Mitternacht *hob sich* die Stimmung. (Die Leute wurden lustiger.)

abheben:
- Ich *habe* 200,— Mark von meinem Konto *abgehoben*. (Ich holte das Geld von der Bank.)

sich von et. ~
- Die Kopie *hebt sich* stark *von* dem Original des Bildes *ab*. (Kopie und Original unterscheiden sich stark.)

anheben:
- Die Produktion von Stahlwaren wurde leicht *angehoben*. (Sie wurde leicht erhöht.)
- Der Sturm *hebt an*. (Er fängt an; lit.)

aufheben:
- Der Maler *hebt* den Pinsel *auf*. (Er war hinuntergefallen, und der Maler nimmt ihn auf.)
- Das Verbot wurde *aufgehoben*. (Es wurde ungültig gemacht.)
- Die Hausfrau *hat* die Tafel *aufgehoben*. (Sie hat das Essen beendet; I.)
- Aufgeschoben *ist* nicht *aufgehoben*. (Eine Sache verschieben heißt nicht, sie fallen lassen; Sprw.)
- Das Mädchen *hat* alle Briefe ihres Freundes *aufgehoben*. (Sie behält sie und wirft sie nicht weg.)

sich ~
- Plus drei und minus drei *hebt sich auf*. (Es ergibt Null.)

ausheben:
- Die Arbeiter *heben* einen Graben *aus*. (Sie graben ihn.)
- Die Polizei *hob* eine Verbrecherbande *aus*. (Sie nahm sie fest.)

beheben:
- Der Handwerker *behob* den Schaden. (Er beseitigte ihn.)
- Die Krise *ist behoben*. (Sie ist überwunden.)

entheben:
- Der Regierungsrat wurde seines Amtes *enthoben*. (Er verlor seinen Posten.)

erheben:
- Der Vater *erhebt* sein Glas. (Er trinkt jm zu.)
- Der Dichter wurde in den Adelsstand *erhoben*. (Er wurde geadelt.)
- Er *erhob Anspruch auf* das Erbe. (Er meldete seinen Anspruch an.)

sich ~
- Die Anwesenden *erhoben sich* von ihren Plätzen. (Sie standen auf.)
- Der Brocken *erhebt sich* über die Hochebene des Harzes. (Er ragt dort in die Höhe.)

sich gegen jn ~
- Das Volk *erhebt sich gegen* die Regierung. (Es macht Revolution.)

hervorheben:
- Zu Ende seiner Rede *hob* der Redner die wichtigsten Punkte noch ein mal *hervor*. (Er betonte sie.)

heißen, hieß, geheißen:
- Ich *heiße* Müller. (Mein Name ist Müller.)
- Was soll das *heißen?* (Was soll das bedeuten?)
- Wir *heißen* Sie willkommen. (Wir begrüßen Sie.)
- *Es heißt,* er sei ein reicher Mann. (Man vermutet, daß er reich ist.)

verheißen:
- Seine Begabung *verheißt* viel für seine Zukunft. (Sie verspricht viel.)
- Der Abendhimmel *hat* gutes Wetter *verheißen.* (Man kann mit gutem Wetter rechnen.)

helfen, half, geholfen:
- *Hilf* der Dame beim Aussteigen!
- Der Herr *hat* der Dame in den Mantel *geholfen.* (Er hielt ihr den Mantel.)
- Es *hilft* alles nichts! (Ich muß, wenn ich auch nicht will!)
- Das Mittel *hilft* gut gegen Schnupfen. (Es beseitigt ihn.)
- *Hilf dir* selbst, so hilft dir Gott! (Sprw.)
- Ich kann *mir* nicht *helfen,* ich finde den Mantel teuer. (Ich bleibe bei meiner Meinung.)
- Der Vater *half* dem Sohn *auf die Beine.* (Er gab ihm einen guten Start.)

abhelfen:
- Der Wasserhahn tropft. – Dem *ist* doch leicht *abzuhelfen.* (Das ist zu beseitigen.)

aushelfen:
- Ich *half* meinem Freund mit 50.— Mark *aus.* (Ich borgte ihm das Geld.)
- Peter *hat* in der Firma gelegentlich *ausgeholfen.* (Er hat mitgearbeitet, wenn es nötig war.)

behelfen:
sich mit et. ~
- Da es keinen Strom gab, *behalfen* wir *uns mit* Kerzen. (Wir halfen uns zur Not damit; wir begnügten uns damit.)

verhelfen:
jm zu et. ~
- Ein Bekannter *verhalf* mir *zu* einer guten Stellung. (Ich bekam sie durch ihn.)

kennen, kannte, gekannt:
- Herr Müller *kennt* den Namen dieses Herrn. (Er weiß ihn.)
- *Kennen* Sie das Buch? (Haben Sie es gelesen?)
- Der Diktator *kannte* kein Mitleid. (Er war ohne Mitleid.)

aberkennen:
- Man *hat* dem Verurteilten die bürgerlichen Ehrenrechte *aberkannt.* (Man nahm sie ihm.)

anerkennen:
- Man *erkennt* ihn nicht *an*. (Man sieht auf ihn herab.)
- Die Firma *hat* meine Forderungen *anerkannt*. (Sie sagte, daß die Forderungen zu Recht bestehen.)
- Der Alte *erkannte an*, was wir für ihn getan haben. (Er war dankbar.)

auskennen:
sich ~
- *Kennen* Sie *sich* in dieser Stadt *aus?* (Wissen Sie hier Bescheid?)
- Ich *kenne mich* nicht mehr *aus*. (Ich weiß nicht mehr weiter.)

bekennen:
- Ich *bekenne* meine Schuld. (Ich sage, daß ich schuldig bin.)
sich ~
- Der Angeklagte *bekannte sich* schuldig. (Er gab seine Schuld vor Gericht zu.)
sich zu et. ~
- Er *bekannte sich zur* christlichen Religion. (Er war ein überzeugter Christ.)

erkennen:
- Der Zeuge *erkannte* den Angeklagten. (Er sah ihn und wußte, wer er ist.)
- Er *erkannte* seinen Irrtum. (Er sah ein, daß er sich geirrt hatte.)
- Aus seiner Handlungsweise *erkennt* man seinen Charakter. (Man kann auf seinen Charakter schließen.)
auf et. ~
- Das Gericht *erkannte auf* Freispruch. (Es sprach den Angeklagten frei.)

verkennen:
- Das Kind *verkannte* die Gefahr. (Es merkte sie nicht; es beurteilte sie falsch.)
- Der Erfinder wurde von allen *verkannt*. (Niemand erkannte seinen Wert.)

klimmen, klomm, geklommen (oder: klimmte, geklimmt):
erklimmen:
- Der Bergsteiger *erklimmt* einen hohen Berg. (Er besteigt ihn.)

klingen, klang, geklungen:
- Die Glocken *klingen* voll. (Sie haben einen guten Ton.)
- Der Name *klingt* italienisch. (Es scheint ein italienischer Name zu sein.)
- Laßt die Gläser *klingen!* (Stoßt an!)
- *Haben* dir *die Ohren geklungen?* (Hast du gefühlt, daß man von dir gesprochen hat? I., U.)

abklingen:
- Das Fieber *klingt ab*. (Es sinkt langsam.)
- Die Begeisterung *ist abgeklungen*. (Sie ist schwächer geworden.)

anklingen:

an et. ~
- Diese Melodie *klingt an* eine andere *an.* (Sie ist einer anderen ähnlich.)

durchklingen:
- Die Posaune *klang durch.* (Sie hob sich heraus.)
- Bei diesem Gespräch *hat* seine Verstimmung *durchgeklungen.* (Man konnte heraushören, daß er sich geärgert hatte.)

erklingen:
- Ein Lied *erklingt.* (Man beginnt zu singen.)

verklingen:
- Allmählich *verklang* das Läuten der Glocken. (Es hörte langsam auf. Man konnte es nicht mehr hören.)

kneifen, kniff, gekniffen:
- Ich *kneife* ihn in den Arm. (Ich zwicke ihn.)
- Er *hat gekniffen.* (Er ist einer Sache feige ausgewichen; U.)

auskneifen:
- Der Gefangene *ist ausgekniffen.* (Er ist geflohen; U.)

verkneifen:

sich et. ~
- Ich muß *mir* den Wunsch *verkneifen.* (Ich kann ihn mir nicht erfüllen; U.)

zukneifen:
- Bei hellem Sonnenlicht *kneift* man die Augen *zu.* (Man schließt sie halb.)

kommen, kam, gekommen:
1. ankommen, eintreffen:
   - Der Präsident *kommt* nach Berlin.
   - Unser Besuch *kam* zum Tee.
   - Ein Brief vom Onkel *ist gekommen.*
   - *Kommt* er heute nicht, dann *kommt* er morgen. (Es ist gleich, wann er kommt; oder: Er ist unzuverlässig; I., U.)
2. sich nähern:
   - Die Nacht *kommt.*
   - Die Tränen *kamen* mir. (Ich mußte weinen.)
   - Das habe ich *kommen* sehen. (Das habe ich erwartet.)
3. Bezeichnung einer Reihenfolge:
   - Nach eins *kommt* zwei.
4. einen bestimmten Wert haben:
   - Der Hut *kam* auf 30,— Mark. (Er kostete so viel.)
5. an einen Ort kommen:
   - Der Kahn *kam* ans Ufer.
   - Mein Junge *kommt* Ostern in die Schule.

– Der Lehrer *kommt* aufs Dorf. (Er wird versetzt.)
– *Bist* du schon bis zum Mord *gekommen?* (Hast du schon so weit gelesen?)

6. in eine Lage kommen:
   – Die Flüchtlinge *kamen* in Not.
   – Der Vater *kam* in Wut, als sein Sohn ihm nicht gehorchen wollte.
   – Der Reisende *kam* viel *unter die Leute.* (Er traf viele Leute; I.)
   – Die unordentliche Frau *kam ins Gerede.* (Man redete über sie; I.)
   – Das Geschäft *kam unter den Hammer.* (Es wurde versteigert; I.)
   – Der Kaufmann *kommt* schon *auf seine Kosten.* (Er hat keinen Verlust; I.)

7. zum Vorschein kommen, auftauchen:
   – Es *kam* mir der Wunsch, zum Schwimmen zu gehen. (Ich hatte den
   Wunsch.)
   – Sein wahrer Charakter *kam* endlich doch *ans Licht.* (Er wurde sichtbar.)

auf et. ~
   – Der Hund *kam auf* die richtige Spur. (Er fand sie.)
   – *Auf* den Einfall *wärst* du nicht *gekommen.* (Die Idee hättest du nicht
   gehabt.)
   – Ich kann nicht *auf* seinen Namen *kommen.* (Er fällt mir nicht ein.)
   – Wie *kommst* du *darauf?* (Woher hast du die Idee?)
   – Wir *kamen auf* die Politik zu sprechen. (Wir sprachen auch darüber.)

aus et. ~
   – Die Polizisten *kamen* nicht *aus den Kleidern.* (Sie konnten nicht schlafen
   gehen; I.)
   – Der Wunsch, dir zu helfen, *kommt* mir *aus dem Herzen.*
   – Das Eisenbahnunglück *kommt* mir nicht *aus dem Sinn.* (Ich muß immer
   daran denken.)

von et. ~
   – Seine Krankheit *kam vom* vielen Trinken. (Das Trinken war der Grund.)
   – Der Kranke *kam* ganz *von Kräften.* (Er verlor seine Kraft.)
   – Unsere Arbeit *kommt* nicht *vom Fleck.* (Sie geht nicht vorwärts; I.)

um et. ~
   – Weil er den Antrag nicht rechtzeitig gestellt hatte, *kam* er *um* die Steuer-
   ermäßigung. (Er verlor sie; er bekam sie nicht.)
   – Der Rennfahrer *ist ums Leben gekommen.* (Er starb durch einen Unfall;
   I.)

zu et. ~
   – *Komme zur* Sache! (Sprich vom Thema!)
   – Laß mich erst *zur* Besinnung *kommen!* (Warte, bis ich wieder klar den-
   ken kann.)
   – Sie *ist* durch eine Erbschaft *zu* Geld *gekommen.* (Sie hat jetzt Geld.)

abhandenkommen:
   – Das Buch *ist* mir *abhandengekommen.* (Ich habe es verloren.)

abkommen:
- Ich kann morgen nicht *abkommen.* (Ich kann mich nicht frei machen.)
von et. ~
- Er *ist* vom richtigen Weg *abgekommen.* (Er hat sich verlaufen; oder: Er hat Unrecht getan.)
- *Von* der Idee, hier eine Fabrik zu bauen, *ist* man wieder *abgekommen.* (Man hat sie aufgegeben.)

ankommen:
- Der Zug *kommt* um drei Uhr *an.*
auf jn (et.) ~
- Bei dem Spiel *kommt es auf* den Torwart *an.* (Er ist sehr wichtig.)
- *Es kommt auf* das Wetter *an,* ob wir an die See fahren. (Bei gutem Wetter fahren wir, bei schlechtem nicht.)
gegen jn ~
- *Gegen* den Weltmeister *kommt* er nicht *an.* (Er kann ihn nicht besiegen.)

aufkommen:
- Ein Sturm *kommt auf.* (Ein Sturm beginnt.)
- Vor einigen Jahren *kam* die Mode *auf,* mit Reifen zu spielen. (Die Mode entstand.)
für et. ~
- Die Versicherung *ist für* den Schaden *aufgekommen.* (Sie hat den Schaden bezahlt.)

auskommen:
mit jm (et.) ~
- Wie *kommen* Sie *mit* Ihrer Wirtin *aus?* (Wie verstehen Sie sich mit ihr?)
- Der Student *kommt mit* seinem Geld nicht *aus.* (Es reicht nicht.)

beikommen:
- Dem Verbrecher ist nicht *beizukommen.* (Man kann ihm seine Schuld nicht nachweisen.)

bekommen:
- Lisa *hat* einen Brief *bekommen.* (Sie hat ihn erhalten.)
- Ob wir besseres Wetter *bekommen?* (Ob das Wetter besser wird?)
- Das Essen *ist* mir gut *bekommen.* (Mein Magen hat es vertragen.)

dahinterkommen:
- Die Mutter *kommt* schnell *dahinter,* daß das Kind lügt. (Sie merkt es.)

durchkommen:
- Früher *kamen* auch D-Züge hier *durch.* (Sie fuhren diese Strecke.)
- Der Kranke *kam durch.* (Er starb nicht.)
- Mit dieser Ausrede *wirst* du kaum *durchkommen.* (Man wird sie kaum glauben.)
- Der Lehrling *ist* durch die Gesellenprüfung *durchgekommen.* (Er hat sie bestanden.)

entgegenkommen:
- Meine Firma *wird* Ihnen *entgegenkommen*. (Sie wird Ihnen einen günstigen Preis machen.)

entkommen,
- Der Mörder *ist* der Polizei *entkommen*. (Er ist geflohen, man konnte ihn nicht mehr fangen.)

gleichkommen:
- Diese Tat *kommt* einem Verbrechen *gleich*. (Sie ist so schlimm wie ein Verbrechen.)

herauskommen:
- Um fünf Uhr *kommen* Tausende von Arbeitern aus dem Fabriktor *heraus*. (Sie verlassen die Fabrik.)
- Das Buch *ist* im Herbst *herausgekommen*. (Es ist erschienen.)
- Bei den Verhandlungen *ist* nichts *herausgekommen*. (Sie brachten kein Resultat.)
- Es *ist herausgekommen*, wer den Wagen gestohlen hat. (Es ist bekannt geworden.)

herumkommen:
um et. ~
- *Um* die Einladung *kommen* wir nicht *herum!* (Wir müssen sie annehmen.)

herunterkommen:
- Das Haus *ist heruntergekommen*. (Es ist in schlechtem Zustand.)
- Der Künstler *ist heruntergekommen*. (Früher ging es ihm gut; jetzt ist er schlecht gekleidet und hat jeden Halt verloren.)

hinkommen:
- Wo *ist* mein Bleistift *hingekommen?* (Wo ist er?)
- Mit dem Geld kann man kaum *hinkommen*. (Es reicht kaum.)

loskommen:
von et. ~
- Der Vater *kommt* nicht *von* dem Gedanken *los*, daß sein Sohn studieren muß. (Der Gedanke beherrscht ihn.)

mitkommen:
- Ich *komme mit*. (Ich begleite Sie.)
- Die Sekretärin *kommt* beim Diktat gut *mit*. (Sie kann gut folgen.)
- Da *komme* ich nicht mehr *mit!* (Das verstehe ich nicht! U.)

nachkommen:
- Geht voran, ich *komme nach!* (Ich komme später.)
- Bei der Debatte *kam* der Stenograph nicht mehr *nach*. (Er konnte nicht folgen.)
- Ich *kam* dem Wunsch meiner Mutter *nach*. (Ich tat, was sie wünschte.)

näherkommen:
- Das Gewitter *kommt näher*. (Es zieht heran.)

sich ∼
- Die beiden Studenten *kamen sich* langsam *näher*. (Sie wurden Freunde.)
niederkommen:
- Unsere Nachbarin *ist niedergekommen*. (Sie hat ein Kind bekommen.)
überbekommen:
- Ich *habe* die Warterei *überbekommen*. (Ich will nicht mehr warten; U.)
übereinkommen:
- Wir *sind* mit dem Onkel *übereingekommen*, die Reise zusammen zu machen. (Wir haben es ausgemacht.)
überkommen:
- Plötzlich *überkamen* mich Bedenken. (Zweifel tauchten in mir auf.)
umkommen:
- Bei dem Unglück *sind* fünf Menschen *umgekommen*. (Sie sind dabei gestorben.)
unterkommen:
- Der Student *ist* bei einer deutschen Familie *untergekommen*. (Er hat dort ein Zimmer gefunden.)
verkommen:
- Der Garten *ist verkommen*. (Er ist völlig ungepflegt.)
- Der junge Mann *verkam* immer mehr. (Er kam herunter.)
vorkommen:
- Bären *kommen* in Deutschland nicht mehr *vor*. (Es gibt keine Bären.)
- Das darf nicht wieder *vorkommen!* (Es darf nicht wieder geschehen.)
Die Frau *kommt* mir bekannt *vor*. (Ich glaube, sie zu kennen.)
- Ich *komme* mir sehr schlecht *vor*, wenn ich ihn nicht mitnehme. (Ich habe ein schlechtes Gewissen.)
weiterkommen:
- Abends besucht der Schlosser einen Kurs, um *weiterzukommen*. (Er will in seinem Beruf aufsteigen.)
zugutekommen:
- Der Reinertrag des Festes *kommt* dem Tierschutzverein *zugute*. (Der Verein hat den Nutzen davon.)
zukommen:
- Die Nachzahlung *kommt* Ihnen *zu*. (Sie haben ein Recht darauf.)
zurückkommen:
- Mein Vater *kommt* am Sonntag *zurück*.
auf et. ∼
- Der Kaufmann *kommt auf* mein Angebot *zurück*. (Er interessiert sich später dafür.)
zustandekommen:
- Leider *ist* keine Einigung *zustandegekommen*. (Leider hat man sich nicht einigen können.)

können, konnte, gekonnt:
- Der Lehrer *kann* Russisch. (Er hat es gelernt, er spricht es.)
- Der Boxer *hat* nicht mehr *gekonnt*. (Seine Kräfte waren zu Ende.)
- *Können* Sie mir helfen? (Ist es Ihnen möglich?)
- Der Kranke *hat* nicht aufstehen *können*. (Er war dazu nicht imstande.)
- *Kannst* du mir den Weg zeigen? (Kennst du den Weg?)
- Er *könnte* in Italien gewesen sein. (Vielleicht war er dort.)

kriechen, kroch, gekrochen:
- Das kleine Kind kann noch nicht laufen, es *kriecht*. (Es bewegt sich auf den Knien fort.)
- Die Schlange *kriecht* über den Waldboden.
- Der Mann *kroch* vor seinem Vorgesetzten. (Er erniedrigte sich; er war unterwürfig.)

auskriechen:
- Die Küken *kriechen aus*. (Sie kommen aus dem Ei heraus.)

verkriechen:
sich ~
- Der Hund *verkriecht sich*. (Er versteckt sich.)
- Die Sonne *verkroch sich* hinter den Wolken. (Sie verschwand dahinter.)

laden, lud, geladen:
- Der Soldat *lud* sein Gewehr. (Er tat Munition hinein.)
- Vor einem Gewitter *ist* die Luft mit Elektrizität *geladen*. (Sie ist voller Elektrizität.)
- Die Autobatterie wird *geladen*. (Sie wird mit Strom aufgeladen.)
- Mein Nachbar ist auf mich *geladen*. (Er ist wütend auf mich; U.)
- Herr Müller ist als Zeuge *geladen*. (Er muß als Zeuge vor Gericht erscheinen.)

et. auf sich ~
- Der Lehrer *lädt* eine schwere Verantwortung *auf sich*. (Er übernimmt sie.)

abladen:
- Die Arbeiter *laden* die Kohlen vom Wagen *ab*. (Sie nehmen sie herunter; sie leeren den Wagen.)
- Die Tochter *lädt* ihre Sorgen bei der Mutter *ab*. (Sie vertraut sie ihr an.)

aufladen:
- *Laden* Sie die Eisenteile *auf!* (Beladen Sie das Fahrzeug damit!)
- Er *hat* mir die Schuld *aufgeladen*. (Er beschuldigte mich.)
- Man *hat* dem fleißigen Beamten die unangenehme Arbeit *aufgeladen*. (Man gab sie ihm.)

ausladen:
- Die Kisten wurden *ausgeladen*. (Sie wurden vom Wagen geholt.)

- Ich mußte meine Gäste wieder *ausladen*. (Ich mußte die Einladung absagen; U.)

beladen:
- Das Flugzeug *wurde beladen*. (Die Ladung wird hineingetan.)

einladen:
- Mein Professor *hat* mich *eingeladen*. (Ich soll ihn besuchen.)
- Die Bank *lädt* zum Ausruhen *ein*. (Sie lockt zum Ausruhen.)

entladen:
- Die Arbeiter *haben* den Güterzug *entladen*. (Sie haben ihn geleert.)

sich ~
- Sein Zorn *entlud sich*. (Sein Zorn brach los.)
- Über der Stadt *hat sich* ein Gewitter *entladen*. (Es hatte sein Zentrum dort.)

überladen:
- Der Fahrer *hatte* den Wagen *überladen*. (Er hatte ihn zu schwer beladen.)
- Die Architektur ist *überladen*. (Sie hat zu viele Verzierungen.)

verladen:
- Die Pferde *werden* zum Transport *verladen*. (Sie werden in einen Waggon gebracht.)

vorladen:
- Das Gericht *hat* die Zeugen *vorgeladen*. (Es hat sie zur Aussage bestellt.)

lassen, ließ, gelassen:
1. et. nicht tun
   - *Laß* das doch! (Hör damit auf! Tu das nicht!)
   - Du *läßt* jetzt das Rauchen; es schadet dir. (Du sollst nicht rauchen.)
2. jm et. geben:
   - Sie müssen mir die Ware billiger *lassen*, sie ist nicht erstklassig.
   - Der Industrielle *ließ* viel Geld im Spielkasino. (Er verlor dort viel Geld.)
   - Der Soldat *ließ* sein Leben für die Heimat. (Er starb für sie.)
3. et. nicht mitnehmen:
   - Ich *ließ* meine Koffer auf dem Bahnhof. (Ich gab sie auf.)
   - Warum *hast* du deinen Schirm zu Hause *gelassen*?
4. jm et. nicht wegnehmen:
   - *Laß* mir das Buch noch drei Tage! (Borge es mir noch solange.)
   - *Laß* den Jungen *in Ruhe!* (Störe ihn nicht.)
   - Diese Frau *läßt* an niemand *ein gutes Haar*. (Sie macht alle schlecht. U., I.)
5. et. erlauben:
   - Die Dame *hat* uns ihre Einkäufe sehen *lassen*. (Wir durften sie sehen.)
   - Der Vater *läßt* den Sohn studieren. (Er erlaubt es ihm.)

- Der Leiter der Fabrik *ließ* seinen Mitarbeitern *freie Hand.* (Sie durften selbständig arbeiten)
- Er *läßt* seinen Gefühlen *freien Lauf.* (Er beherrscht sich nicht; I.)
- Leben und leben *lassen!* (Sprw.)

6. jn zu et. veranlassen; machen, daß jd et. tut:
   - *Lassen* Sie Ihre Sekretärin einen Brief schreiben!
   - *Laß* mal sehen! (Zeig mal her!)
   - Ihr Benehmen *läßt* mich vermuten, daß Sie in den Verkauf einwilligen. (Wegen Ihres Benehmens denke ich, . . .)

7. sich et. machen lassen:
   - Ich *habe* mir die Haare waschen *lassen.*
   - Die Filmschauspielerin *läßt* sich ihre Kleider in Berlin machen.
   - Der Chef *läßt* sich verleugnen. (Die Sekretärin sagt, er sei nicht da.)

8. et. kann gemacht werden:
   - Das *läßt* sich machen. (Das ist möglich.)
   - Eisen *läßt* sich biegen. (Es kann gebogen werden.)
   - Dieser Wein *läßt* sich trinken. (Er ist recht gut.)

sich sehen ~
   - Die Leistung dieser Firma kann *sich sehen lassen.* (Sie ist gut.)

sich et. kosten ~
   - Der Vater hat *sich* die Hochzeit seiner Tochter etwas *kosten lassen.* (Er gab viel Geld dafür aus.)

ablassen:
   - Das Wasser im Teich wurde *abgelassen.* (Der Teich wurde geleert.)

von et. (jm) ~
   - *Lassen* Sie mir zwei Zentner *von* den guten Äpfeln *ab!* (Verkaufen Sie sie mir!)
   - Die Firma *läßt* 3 % vom Preis *ab.* (Sie ermäßigt den Preis um 3 %)
   - Das Mädchen *läßt* nicht *von* ihrem Freund *ab.* (Sie bleibt ihm treu.)

anlassen:
   - Der Autofahrer *läßt* den Wagen *an.* (Er startet ihn.)
   - *Lassen* Sie Ihren Mantel *an!* (Ziehen Sie ihn nicht aus!)

sich ~
   - Das neue Jahr *hat sich* gut *angelassen.* (Es hat gut begonnen.)

auflassen:
   - Das Kind *ließ* die Tür *auf.* (Es schloß sie nicht.)
   - Der Friedhof wurde *aufgelassen* (Er wurde nicht mehr als Friedhof benutzt.)

auslassen:
   - Die Sekretärin *ließ* in dem Brief ein Wort *aus.* (Sie vergaß es.)
   - Mein Freund *läßt* keine Gelegenheit *aus,* tanzen zu gehen. (Er geht tanzen, sooft er kann.)

et. an ihm ~
- Der Mann *läßt* seine Wut *an* dem Hund *aus*. (Der Hund muß darunter leiden.)

belassen:
- Der Chef *beließ* den Angestellten auf seinem Posten, obwohl er unehrlich war. (Er ließ ihn in seiner Stellung.)

es bei et. ~
- Die Freunde *belassen es bei* der Verabredung. (Sie ändern den Termin nicht.)

durchlassen:
- Bitte, *lassen* Sie mich *durch*! (Machen Sie mir Platz!)
- Der Mantel *läßt* den Regen *durch*. (Er ist nicht wasserdicht.)

einlassen:
- *Laß* das Badewasser *ein*! (Laß das Wasser in die Wanne laufen!)
- Der Pförtner *ließ* mich *ein*, obwohl die Besuchszeit schon vorbei war. (Er erlaubte mir hereinzukommen.)

sich auf et. ~
- Warum *hast* du *dich darauf eingelassen?* (Warum hast du das gemacht?)

sich in et. ~
- Er *hat sich in* dunkle Geschäfte *eingelassen*. (Er hat sie gemacht.)

sich mit jm ~
- *Laß dich* nicht *mit* diesem Menschen *ein*! (Komme nicht in zu nahen Kontakt mit ihm!)

entlassen:
- Die Arbeiter werden *entlassen*. (Sie verlieren ihren Arbeitsplatz.)
- Der Direktor *entließ* den Besucher mit einigen freundlichen Worten. (Er verabschiedete ihn.)

erlassen:
- Die Regierung *hat* ein Gesetz *erlassen*. (Sie hat es gemacht.)
- Dem Häftling wurde der Rest der Strafe *erlassen*. (Er durfte das Gefängnis vorzeitig verlassen.)

herablassen:
sich zu et. ~
- Er *ließ sich zu* einer Antwort *herab*. (Er antwortete sehr von oben herunter.)

hinterlassen:
- *Hinterlassen* Sie bitte eine Nachricht! (Lassen Sie bitte eine Nachricht zurück!)
- Der Verstorbene *hinterläßt* ein Vermögen. (Er vererbt es.)

nachlassen:
- Die Bremsen an meinem Auto *haben nachgelassen*. (Sie haben sich gelockert.)
- Der Schüler *ließ* sehr *nach*. (Seine Leistungen wurden schlechter.)

- Der Sturm *läßt nach.* (Er wird schwächer.)
- Der Kaufmann *läßt* fünf Mark *nach.* (Er setzt den Preis herunter.)

niederlassen:

sich ~
- Der Arzt *hat sich* in Hamburg *niedergelassen.* (Er hat dort seine Praxis eröffnet.)
- Sie *ließ sich* auf dem bequemsten Stuhl *nieder.* (Sie setzte sich.)

überlassen:
- Ich *überlasse* Ihnen meine Wohnung für ein Jahr. (Ich gebe sie Ihnen.)
- Der Kranke *überließ* dem Arzt die Entscheidung. (Der Arzt soll entscheiden.)

unterlassen:
- Die Dame bat den Herrn, das Rauchen zu *unterlassen.* (Sie bat ihn, nicht zu rauchen.)
- Er *hat* es *unterlassen,* seine Firma von seiner Krankheit zu verständigen. (Er hat die Firma nicht benachrichtigt.)

verlassen:
- Ich *habe* Berlin am 1. April *verlassen.* (Ich bin weggefahren.)

sich auf jn (et.) ~
- *Verlassen* Sie *sich auf* meinen Rat! (Vertrauen Sie meinem Rat!)
- Ich kann mich *auf* meinen Buchhalter *verlassen.* (Ich weiß, daß er gut arbeitet.)

zerlassen:
- Man *zerläßt* die Butter in der Pfanne. (Man läßt sie flüssig werden. Sie zergeht.)

zulassen:
- *Laß* das Fenster *zu!* (Öffne es nicht!)
- Das kann ich nicht *zulassen!* (Das kann ich nicht erlauben!)
- Der Wagen wurde von der Verkehrsbehörde *zugelassen.* (Er darf gefahren werden.)
- Man *hat* den Studenten zum Examen *zugelassen.* (Er darf das Examen machen.)

zurücklassen:
- Als das Hochwasser kam, *ließen* die Bewohner ihr Hab und Gut *zurück.* (Sie flüchteten ohne Sachen.)
- Der Sportler *hat* den Gegner weit hinter sich *zurückgelassen.* (Der Gegner konnte nicht mitkommen.)

laufen, lief, gelaufen:

1. sich schnell bewegen:
- *Laufen* Sie schnell! (Beeilen Sie sich!)
- Franz und Emil *laufen* um die Wette. (Sie wollen sehen, wer schneller ist.)
- Der Sportler *lief wie ein geölter Blitz.* (Er rannte sehr schnell; U.)
- Unsere Tochter *läuft* gern Schlittschuh.

2. gehen:
- Wir *laufen* und nehmen kein Taxi. (Wir gehen zu Fuß.)
- Das Kind kann schon *laufen*. (Es kann gehen.)
- Mein Auto *läuft* gut. (Es hat einen guten Motor.)
- Der Film *läuft* schon vier Wochen.
- Der Kaufmann *läuft* noch ins Verderben. (Er kommt ins Unglück.)
- Er *hat sich die Füße* nach einer neuen Stellung *wund gelaufen*. (Er hat alles versucht, eine Stellung zu finden; I.)
- *Es läuft ins Geld*, wenn man immer im Hotel wohnt. (Es wird teuer; I.)
- Das Schiff *läuft vom Stapel*. (Es kommt zum ersten Mal ins Wasser.)
- Die kleinen Diebe hängt man, die großen läßt man *laufen*. (Sprw.)
3. fließen:
- Das Regenwasser *läuft* aus der Rinne.
- Der alten Frau *liefen* die Tränen über das Gesicht.
- Mir *läuft* der Schweiß den Rücken hinunter, so heiß ist es.
4. sich hinziehen, erstrecken:
- Das Gebirge *läuft* nach Norden. (Es erstreckt sich nach Norden.)
- Dieser Weg *läuft* durchs Moor. (Er durchquert es.)
- Mein Prozeß *läuft* noch. (Er ist noch nicht entschieden.)
- Der Vertrag des Angestellten *läuft* noch ein Jahr. (Er gilt noch ein Jahr.)
ablaufen:
- Das Badewasser *läuft* nicht *ab*. (Die Wanne wird nicht leer.)
- Mein Vertrag *läuft* in diesem Jahr *ab*. (Er geht zu Ende.)
- Die Frist *ist abgelaufen*. (Sie ist vorbei.)
- Der Unfall *ist* gut *abgelaufen*. (Er nahm ein gutes Ende.)
- Der Beamte *hat* seinem Kollegen *den Rang abgelaufen*. (Er hat ihn überflügelt.)
anlaufen:
- Unser Schiff *hat* Neapel *angelaufen*. (Es ist in den Hafen eingefahren.)
- Das Silber *ist angelaufen*. (Es ist schwarz geworden.)
- Die Serienproduktion *läuft* heute *an*. (Sie beginnt heute.)
- Seine Schulden *sind* jetzt auf 1000,— Mark *angelaufen*. (Er hat jetzt 1000,— DM Schulden.)
auflaufen:
- Das Schiff *ist* auf eine Sandbank *aufgelaufen*. (Es ist festgefahren.)
sich ~
- Er *hat sich* die Füße *aufgelaufen*. (Seine Füße sind wund.)
auslaufen:
- Das Schiff *lief* gestern *aus*. (Es verließ den Hafen.)
- Der Tank *ist ausgelaufen*. (Er war undicht.)
belaufen:
sich auf et. ~
- Die Rechnung *beläuft sich auf* 200.— DM. (Sie beträgt 200.— Mark).

durchlaufen: (trennb. u. untrennb.)
- Die Sonne *durchläuft* ihre Bahn. (Sie vollendet ihre Bahn.)
- Der Antrag muß verschiedene Abteilungen *durchlaufen*. (Er wird in verschiedenen Abteilungen bearbeitet.)
- Der Junge *läuft* seine Schuhe *durch*. (Die Sohlen gehen kaputt.)
durch et. ~
- Der Regen *ist durch* das Dach *durchgelaufen*. (Er kam ins Haus.)
einlaufen:
- Der Zug *lief ein*. (Er kam in den Bahnhof.)
- Die Gardinen *sind* bei der ersten Wäsche *eingelaufen*. (Sie sind kürzer geworden.)
sich ~
- Die Maschine *hat sich eingelaufen*. (Sie läuft jetzt regelmäßig.)
entlaufen:
- Der Hund *ist entlaufen*. (Er ist fortgelaufen.)
hinauslaufen:
auf et. ~
- Das Geschäft *läuft auf* einen Betrug *hinaus*. (Man will betrügen; das Resultat wird ein Betrug sein.)
ineinanderlaufen:
- Die Farben *laufen ineinander*. (Sie vermischen sich.)
nachlaufen:
- Ich hatte mein Geld liegen lassen, die Verkäuferin *lief* mir *nach* und gab es mir. (Sie folgte mir.)
- Der junge Mann *ist* dem Mädchen *nachgelaufen*. (Er war verliebt in sie und drängte sich ihr auf; I.)
überlaufen: (trennb. u. untrennb.)
- Die kochende Milch *läuft über*. (Sie fließt aus dem Topf.)
- Der Soldat *ist* zu dem Feind *übergelaufen*. (Er ist desertiert.)
- Mir *läuft die Galle über*. (Ich werde sehr wütend; I., U.)
- Es *überläuft* mich kalt. (Ich fürchte mich; I.)
- Der Arzt ist *überlaufen*. (Er hat eine zu große Praxis; alle wollen zu ihm.)
unterlaufen:
Mir *ist* ein Fehler *unterlaufen*. (Ich habe einen Fehler gemacht.)
verlaufen:
- Die Grenze *verläuft* von Norden nach Süden. (Sie geht in dieser Richtung.)
- Der Prozeß *ist* gut für ihn *verlaufen*. (Er hat ihn gewonnen; der Prozeß ist gut ausgegangen.)
- Die Verhandlungen *verliefen* reibungslos. (Sie gingen ohne Zwischenfall.)
sich ~
- Der Wanderer *hat sich* im Wald *verlaufen*. (Er hat sich verirrt.)

- Die Teilnehmer des Umzuges *verliefen sich* schnell. (Sie gingen auseinander.)

zulaufen:
- Uns *ist* ein Hund *zugelaufen*. (Ein fremder Hund ist zu uns gekommen.)

auf jn ~
- Das Kind *lief auf* den Vater *zu*. (Es lief ihm entgegen.)

zusammenlaufen:
- Die Menschen *laufen* neugierig *zusammen*. (Sie strömen zusammen.)
- Die Flüsse *laufen* im Norden *zusammen*. (Sie vereinigen sich.)
- *Das Wasser läuft mir im Mund zusammen*, wenn ich das herrliche Essen sehe. (Ich bekomme sehr großen Appetit; I., U.)

leiden, litt, gelitten:
- Der Kranke leidet großen Durst. (Er muß ihn ertragen.)
- Er *litt* es nicht, daß ich für mich bezahlte. (Er erlaubte es nicht; U.)

an et. ~
- Mein Mann *leidet* häufig *an* Zahnschmerzen. (Er hat sie oft.)

unter et. ~
- Viele Menschen *leiden unter* der Hitze. (Sie ertragen sie schwer.)

jn (et.) ~ können
- Ich *kann* diesen Menschen nicht *leiden*. (Ich mag ihn gar nicht.)

erleiden:
- Der Geschäftsmann *hat* einen Schaden *erlitten*. (Er hatte einen Schaden.)
- Der Brief darf keinen Aufschub *erleiden*. (Er ist eilig.)
- Seine Pläne *haben* Schiffbruch *erlitten*. (Sie sind nichts geworden, sie gingen schief; I.)

verleiden:
- Der Brief *verleidet* mir die Freude an der Reise. (Er nimmt mir die Freude.)

leihen, lieh, geliehen:
- Ich *leihe* dir mein Fahrrad. (Ich gebe es dir für eine Zeit.)
- Der Nachbar *lieh* uns seine Hilfe. (Er half uns.)

ausleihen:
- *Leihen* Sie das Buch *aus*? (Verborgen Sie es?)

beleihen:
- Der Arbeiter *beleiht* sein Haus mit 3000.— DM. (Er belastet es.)

entleihen:
- Ich *habe* das Buch aus der Staatsbibliothek *entliehen*. (Ich habe es mir geborgt.)

verleihen:
- Die Firma *verleiht* Wagen nur an Führerscheinbesitzer. (Sie vermietet sie.)

– Dem berühmten Dichter ist der Nobelpreis *verliehen* worden. (Er bekam ihn.)

lesen, las, gelesen:
– Die Kinder *lesen* Ähren. (Sie sammeln sie.)
– Die Primaner *lasen* ein Buch von Thomas Mann.
– Die Astrologen wollen das Schicksal der Menschen aus den Sternen *lesen*. (Sie wollen es dort erkennen.)
– Der Professor *liest* Mittwoch und Freitag. (Er hält seine Vorlesung.)

ablesen:
– Der Abgeordnete *las* seine Rede *ab*. (Er hatte sie aufgeschrieben und las sie vor; er sprach nicht frei.)
– Der Mann *hat* den elektrischen Zähler *abgelesen*. (Der Stromverbrauch wurde festgestellt.)
– Der Vater *las* seiner Tochter jeden Wunsch *von den Augen ab*. (Er erriet und erfüllte ihr jeden Wunsch; I.)

auflesen:
– Die Polizei *hat* den Mann auf der Straße *aufgelesen*. (Sie fand ihn dort und nahm ihn mit.)

auslesen:
– Der Schüler *liest* das Buch *aus*. (Er liest es zu Ende.)
– Wir *lesen* die schlechten Kirschen *aus*. (Wir suchen sie heraus.)

durchlesen:
– Der Vater *las* den Brief *durch*. (Er las ihn ganz.)

einlesen:
sich in et. ～
– *In* den Stil dieses Dichters muß man *sich* erst *einlesen*. (Man muß sich erst daran gewöhnen.)

nachlesen:
– Der Rechtsanwalt wußte den genauen Wortlaut des Gesetzes nicht mehr; er *las* das Gesetz *nach*. (Er schaut den Text in einem Buch nach.)

überlesen:
– Du *hast* die wichtigste Stelle *überlesen*. (Du hast sie nicht beachtet.)
– Die Lehrerin *überlas* den Fehler. (Sie fand ihn nicht.)

verlesen:
– Der Pfarrer *verliest* eine Bibelstelle. (Er liest sie vor.)
sich ～
– Der Anfänger *verlas sich*. (Er las falsch.)

vorlesen:
– Der Schüler *liest* das Gedicht *vor*. (Er liest es laut.)

zerlesen:
– Das Buch aus der Bücherei *ist zerlesen*. (Es ist durch vieles Lesen schadhaft geworden.)

liegen, lag, gelegen:
- Der Wein *liegt* im Keller. (Er ist dort.)
- Hamburg *liegt* an der Elbe.
- Es *liegt* Ruhe über dem Wald. (Es ist dort ruhig.)
- Das Auto *liegt* gut auf der Straße. (Es schleudert nicht.)
- Dieser Mensch *liegt* mir nicht. (Er ist mir unsympathisch.)
- Das *lag* nicht in meiner Absicht. (Das wollte ich nicht.)
- Da *liegt* der Hase im Pfeffer! (Das ist der wahre Grund; I.)
- Sie *lagen sich* immer *in den Haaren.* (Sie stritten sich; U.)
- Er *liegt* mir immer *in den Ohren,* ich soll das Auto kaufen. (Er redet auf mich ein; I.)
- Die Entscheidung *liegt in der Luft.* (Sie wird kommen; man ahnt sie voraus; I.)
- Die Sache *liegt* klar *auf der Hand.* (Sie ist klar; I.)

et. ~ lassen
- Ich *ließ* meinen Schirm im Café *liegen.* (Ich vergaß ihn dort.)
- Der Student *läßt* die Arbeit *liegen.* (Er arbeitet nicht mehr daran.)
- *Lassen* Sie den Ort links *liegen!* (Fahren Sie rechts daran vorbei!)
- Er *ließ* mich *links liegen.* (Er behandelte mich schlecht; I.)

et. liegt an jm
- Es *liegt* nicht *an* mir. (Ich habe keinen Einfluß auf die Sache.)
- Es *liegt an* den hohen Zöllen, daß die Waren teurer werden. (Es kommt von den Zöllen.)

jm liegt an et.
- Mir *liegt* viel *an* Ihrem Urteil. (Ihre Meinung ist mir sehr wichtig.)

et. liegt bei jm
- Die Schuld *liegt bei* ihm. (Er ist schuldig.)

abliegen:

von et. ~
- Das Haus *lag* weit *von* der Straße *ab.* (Es war weit entfernt.)

aufliegen:
- Die Wahllisten *liegen* hier *auf.* (Jeder kann sie lesen.)

beiliegen:
- Dem Brief *liegt* ein Scheck *bei.* (Der Scheck wird mit dem Brief geschickt.)

darniederliegen:
- Der Kranke *liegt* an Grippe *darnieder.* (Er muß im Bett bleiben; lit.)
- Die Industrie *hat darniedergelegen.* (Der Verkauf ging schlecht.)

erliegen:
- Der junge Mann *erlag* den Versuchungen. (Er gab ihnen nach.)
- Der Verletzte *ist* seinen Wunden *erlegen.* (Er ist gestorben.)

naheliegen:
- Es *liegt nahe,* daß er den Ring gestohlen hat. (Man hat Grund, es zu glauben.)

unterliegen:
- Der Boxer *ist* im Kampf *unterlegen*. (Er wurde besiegt.)
- Wir *unterlagen* einer Täuschung. (Wir haben uns getäuscht.)
- Die Waren *unterliegen* den Ausfuhrbestimmungen. (Sie müssen danach behandelt werden.)

vorliegen:
- Darüber *liegt* noch kein Gesetz *vor*. (Darüber gibt es noch kein Gesetz.)
- Was *liegt* gegen ihn *vor*? (Was gibt es Negatives über ihn?)

zurückliegen:
- Unser letztes Zusammentreffen *liegt* drei Jahre *zurück*. (Es war vor drei Jahren.)

lügen, log, gelogen:
- Das Mädchen *hat gelogen*. (Es hat nicht die Wahrheit gesagt.)
- Wer *lügt*, der stiehlt. (Sprw.)
- Er *lügt das Blaue vom Himmel herunter*. (Er lügt sehr; I., U.)

anlügen:
- Der Schüler *hat* den Lehrer *angelogen*. (Er sagte ihm eine Lüge.)

belügen:
- Der Lehrer wurde von dem Schüler *belogen*.

mahlen, mahlte, gemahlen:
- Das Korn wird in der Mühle *gemahlen*. (Die Körner werden zerkleinert; aus dem Korn wird Mehl.)
- Die Räder des Autos *mahlen* im Schnee. (Sie drehen sich, greifen aber nicht.)

meiden, mied, gemieden:
- *Meide* schlechte Gesellschaft! (Halte dich fern!)
- Wir *meiden uns*. (Wir gehen uns aus dem Weg.)

vermeiden:
- Der Redner *vermeidet* das peinliche Thema. (Er umgeht es.)
- Er *vermied* es, den Fehler zu wiederholen. (Er wiederholte ihn nicht.)

melken, molk, (melkte), gemolken:
- Morgens und abends *werden* die Kühe *gemolken*. (Man nimmt ihnen die Milch.)
- Den Mann *hat* man gründlich *gemolken*. (Man hat ihm das Geld aus der Tasche gezogen; man nützte ihn aus; U.)

messen, maß, gemessen:
- *Messen* Sie das Stück Stoff! (Stellen Sie fest, wie lang es ist!)
- Vor dem Fotografieren *maß* ich die Entfernung. (Ich sah, wie groß sie war.)
- Die Jungen *messen* ihre Kräfte. (Sie vergleichen sie im Kampf.)

abmessen:

- Der Verkäufer *mißt* drei Meter Stoff *ab*. (Er schneidet drei Meter von einem größeren Stück ab.)

anmessen:
- Der Schneider *mißt* mir einen Anzug *an*. (Er nimmt Maß.)

beimessen:
- Die Zeitungen *messen* der Konferenz keine Bedeutung *bei*. (Sie halten sie für unwichtig.)

bemessen:
- Meine Zeit *ist* leider sehr kurz *bemessen*. (Ich habe wenig Zeit.)

ermessen:
- Ein junger Mensch kann nur selten *ermessen*, wie wichtig eine gute Ausbildung ist. (Er kann es nicht beurteilen; er weiß es nicht.)

vermessen:
- Der Geometer *vermißt* das Land. (Er mißt es aus.)

sich ~
- Der Schneider *hat sich vermessen*. (Er hat falsch gemessen.)

mögen, mochte, gemocht:
1. ich mag, ich mochte, ich habe gemocht:
- Das Kind *mag* keine Suppe. (Es ißt Suppe nicht gern.)
- Meine Mutter *hat* Inge nicht *gemocht*. (Sie war ihr unsympathisch.)
- Ilse *hat* nicht kommen *mögen*. (Sie hatte keine Lust zu kommen.)
- Wer *mag* das sein? (Wer kann das sein?)
- Er *mag* tun, was er will. (Mich interessiert nicht, was er tut.)
- Er *mag* damals dreißig gewesen sein. (Er war vielleicht 30.)
2. ich möchte, ich wollte, ich habe gewollt:
- *Möchten* Sie Eis? (Wollen Sie Eis essen.)
- Ich *möchte* jetzt spazierengehen. (Ich will jetzt spazieren gehen.)

vermögen:
- Ich *vermag* mich nicht zu konzentrieren. (Ich kann es nicht.)

nehmen, nahm, genommen:
- Er *nimmt* das Buch vom Tisch.
- Ich *nehme* die Ware. (Ich kaufe sie.)
- *Nehmen* Sie Tee oder Kaffee? (Was möchten Sie trinken?)
- Was *nehmen* Sie für das Kleid? (Wieviel verlangen Sie?)
- Der Kranke *nimmt* die Medizin. (Er schluckt sie.)
- *Nehmen* Sie den Autobus! (Fahren Sie mit dem Bus!)
- Das Pferd *nimmt* das Hindernis. (Es überspringt es.)
- Dieser Lehrer versteht es, die Kinder zu *nehmen*. (Er behandelt sie richtig.)
- Wollen Sie ein Bad *nehmen*? (Wollen Sie baden?)
- Die Tochter *nimmt* Abschied. (Sie verabschiedet sich.)
- Der Feind *hat* Rache *genommen*. (Er hat sich gerächt.)

- Das junge Mädchen *hat* den Schleier *genommen.* (Es ist Nonne geworden; I.)
- Der Angestellte *nimmt* im August Urlaub. (Er geht in Urlaub.)
- Du *nimmst den Mund* sehr *voll!* (Du übertreibst; U., I.)
- Der Student *nimmt* die Arbeit *in Angriff.* (Er beginnt sie.)

sich ~
- Er *hat sich das Leben genommen.* (Er hat sich getötet.)
- *Nimm* dich *in Acht!* (Paß auf!)
- Ich *nehme* mir meinen Lehrer *zum Vorbild.* (Ich will so werden wie er.)

~ für jn
- Ich *nehme für* meinen Freund *Partei.* (Ich trete für ihn ein; ich stelle mich auf seine Seite.)

jn ~ bei
- Ich *nehme* dich *beim Wort!* (Ich erwarte, daß du bei deinem Versprechen bleibst; I.)

jn zu sich ~
- Er *nimmt* seine Schwester *zu sich.* (Sie konnte bei ihm wohnen.)

et. auf sich ~
- Der Vater *nahm* die Verantwortung *auf sich.* (Er trug die Verantwortung.)

et. Adjektiv ~
- Du *nimmst* die Sache zu *ernst.* (Du machst dir zu viele Gedanken darüber.)

abnehmen:
- Ich *habe* bei der Kur fünf Kilo *abgenommen.* (Ich verlor fünf Kilo.)
- Der Mond *nimmt ab.* (Er wird scheinbar kleiner.)
- Das Interesse der Zuhörer *nahm ab.* (Es wurde schwächer.)
- *Nimm* bitte das Tischtuch *ab!* (Nimm es vom Tisch.)
- Der Arzt mußte dem Verunglückten einen Arm *abnehmen.* (Er mußte den Arm amputieren.)
- Der junge Mann *nahm* der alten Dame den Koffer *ab.* (Er trug ihn für sie.)
- Der Vater *nimmt* mir das Versprechen *ab,* in Zukunft fleißiger zu arbeiten. (Ich muß es ihm versprechen.)

annehmen:
- Der Pilot *nimmt an,* daß das Wetter gut wird. (Er glaubt es; er vermutet es.)
- Ich *nehme* Ihre Einladung dankend *an.* (Ich sage ,,ja".)
- Diesen Brief *nehme* ich nicht *an.* (Ich akzeptiere ihn nicht.)
- Das junge Mädchen *hat* eine Stellung *angenommen.* (Es hat begonnen zu arbeiten.)
- Das kinderlose Ehepaar *hat* ein Kind *angenommen.* (Sie haben es adoptiert.)

sich js ~
- Das Rote Kreuz *hat sich* der Obdachlosen *angenommen*. (Es hat sich um sie gekümmert.)

aufnehmen:
- Hamburg *nimmt* die Ausländer gut *auf*. (Die Stadt empfängt sie freundlich.)
- Das Publikum *nahm* das neue Theaterstück begeistert *auf*. (Es war von dem Stück begeistert.)
- Der Mann *hat* die Nachricht gelassen *aufgenommen*. (Er hörte sie mit Ruhe.)
*- Die Stadt *nimmt* Geld *auf*. (Sie borgt es sich.)
- Der Arbeiter *hat* seine Arbeit *aufgenommen*. (Er begann sie.)
- Ich habe das Konzert auf Tonband *aufgenommen*. (Ich konserviere es.)

et. mit jm ~
- Er *nimmt* es *mit* seinem Gegner *auf*. (Er beginnt den Kampf.)

ausnehmen:
- Die Kinder *nehmen* ein Vogelnest *aus*. (Sie holen die Eier heraus.)

sich ~
- Herr Meier *nimmt sich* in seiner Kapitänsuniform gut *aus*. (Er sieht gut aus.)

jn von et. ~
- Sie *nehme* ich *von* meiner Kritik *aus*. (Sie sind nicht gemeint. Sie sind die Ausnahme.)

benehmen:
sich ~
- Der junge Mann *benimmt sich* gut. (Er hat gute Manieren.)

durchnehmen:
- Der Lehrer *nimmt* ein neues Kapitel in der Grammatik *durch*. (Er bespricht es.)

einnehmen:
- Der Kaufmann *hat* viel *eingenommen*. (Er kassierte heute viel Geld.)
- *Nehmen* Sie die Medizin pünktlich *ein*! (Schlucken Sie sie pünktlich!)
- Die Soldaten *nehmen* die Stadt *ein*. (Sie erobern die Stadt.)
- Die Theaterbesucher *nehmen* ihre Plätze *ein*. (Sie setzen sich auf ihre Plätze.)
- Der große Schreibtisch *nimmt* viel Raum *ein*. (Er braucht viel Platz)
- Sein freundliches Wesen *nimmt* mich für ihn *ein*. (Es macht ihn mir sympathisch.)
- Sein Chef *ist* von ihm *eingenommen*. (Er ist mit ihm sehr zufrieden.)

entgegennehmen:
- Der Bürgermeister *nahm* den Orden *entgegen*. (Er empfing ihn.)

entnehmen:
- Der Kassierer *entnimmt* der Kasse 300.—DM. (Er nimmt das Geld heraus.)

et. aus et. ~
- Ich *entnahm aus* seiner Erzählung, daß er zufrieden ist. (Ich hörte es heraus.)

festnehmen:
- Die Polizei *nahm* den Verdächtigen *fest.* (Sie verhaftete ihn.)

herausnehmen:
- *Nimm* den Anzug aus dem Schrank *heraus!* (Hole ihn heraus!)

sich et. ~
- Der Mann *nahm sich* allerhand *heraus.* (Er erlaubte sich mehr, als er durfte; I.)

hinnehmen:
- Der Lehrling *nahm* den Tadel widerspruchslos *hin.* (Er widersprach nicht.)

hochnehmen:
- Seine Kameraden *haben* ihn *hochgenommen.* (Sie machten sich über ihn lustig; U.)

mitnehmen:
- Ich *nehme* auf alle Fälle einen Schirm *mit.* (Ich gehe nicht ohne Schirm.)
- Die Hitze *hat* die alte Frau sehr *mitgenommen.* (Die Hitze machte sie müde.)

teilnehmen:
an et. ~
- Ich *nehme an* der Reise *teil.* (Ich fahre mit.)
- Er *nahm an* meinen Sorgen *teil.* (Er fühlte sie mit mir.)

übelnehmen:
- Diese Unhöflichkeit *nehme* ich ihm *übel.* (Ich ärgere mich darüber; ich bin ihm deshalb böse.)

übernehmen:
- Der Sohn *übernahm* das Geschäft des Vaters. (Er trat an seine Stelle.)
- Herr Müller *übernimmt* die Verantwortung. (Er nimmt sie auf sich.)

sich ~
- Die Firma *hat sich übernommen.* (Sie hat sich zu viel zugemutet; z.B. zu viele Aufträge angenommen.)

unternehmen:
- Was *habt* ihr am Sonntag *unternommen?* (Was habt ihr gemacht?)

vernehmen:
- Er *vernahm* das Geräusch des Wagens. (Er hörte es.)
- Der Richter *vernimmt* die Zeugen. (Er befragt sie vor Gericht.)

vornehmen:
sich et. ~
- Ich *nehme mir vor*, bald meine Prüfung zu machen. (Ich fasse den Entschluß.)
- Ernst *nimmt sich* viel *vor.* (Er plant viel; er hat ein hohes Ziel.)

- Den Burschen *nehme* ich *mir* einmal *vor!* (Dem sage ich gründlich meine Meinung! U.)

wahrnehmen:
- Ich *nahm wahr*, daß der Lärm aufgehört hatte. (Ich bemerkte es.)
- *Nehmen* Sie die Gelegenheit *wahr!* (Nützen Sie sie aus!)
- Der Rechtsanwalt *nimmt* meine Interessen *wahr.* (Er kümmert sich darum.)

zunehmen:
- Weil sie viel Schlagsahne aß, *nahm* Frau Berger *zu.* (Sie wurde dicker.)
- Der Mond *nimmt zu.* (Seine Scheibe wird voller.)
- Der Lärm *nahm zu.* (Es wurde lauter.)

an et. ~
- Die Bevölkerung *nimmt an* Zahl *zu.* (Sie wird größer.)

zurücknehmen:
- Der Kaufmann *hat* die schadhafte Ware wieder *zurückgenommen.*
- Er mußte die Beleidigung *zurücknehmen.* (Er mußte sie widerrufen; er mußte sich entschuldigen.)

zusammennehmen:
- *Nimm* deine Gedanken *zusammen!* (Konzentriere dich! Strenge dich an!)

sich ~
- *Nimm dich zusammen!* (Beherrsche dich!)

nennen, nannte, genannt:
- *Nennen* Sie Ihren Namen! (Sagen Sie Ihren Namen!)
- *Nennen* Sie mir die höchsten Berge der Welt! (Zählen Sie sie auf!)
- Er *nannte* ihn einen Dummkopf. (Er sagte, er sei ein Dummkopf.)
- *Nennen* wir das Kind *beim* Namen! (Sprechen wir klar über die Sache! I., U.)

ernennen:

jn zu et. ~
- Der Aufsichtsrat *ernannte* ihn *zum* Direktor. (Man gab ihm den Posten des Direktors.)

umbenennen:
- Die Straße wurde *umbenannt.* (Sie bekam einen anderen Namen.)

pfeifen, pfiff, gepfiffen:
- Er *pfiff* eine lustige Melodie.
- Der Wind *pfeift* um die Ecke. (Er heult.)
- Der Hirt *pfeift* seinem Hund. (Er ruft ihn durch Pfiff.)

auf et. ~
- Ich *pfeife auf* deine Freundschaft. (Ich verzichte darauf; U.)
- Die Firma *pfeift auf* dem letzten Loch. (Sie ist fast am Ende; I., U.)

auspfeifen:
- Das Publikum *pfiff* die neue Oper *aus*. (Es lehnte sie ab.)

verpfeifen:
- Der festgenommene Täter *verpfeift* seine Helfershelfer bei der Polizei. (Er verrät sie; U.)

preisen, pries, gepriesen:
- Der Lehrer *preist* den Dichter. (Er lobt ihn sehr.)
- Das Lied *pries* die Größe Gottes. (Es besang sie.)
- Er *preist sich* glücklich. (Er nennt sich glücklich; lit.)

anpreisen:
- Der Hausierer *pries* seine Ware *an*. (Er lobte sie; er machte Reklame.)

quellen quoll, gequollen:
- Das Wasser *quillt* aus der Erde. (Es kommt von selbst heraus.)
- Der Reis *ist* in dem Topf *gequollen*. (Die Körner sind dicker geworden.)

aufquellen:
- Das Holz *quillt auf*. (Es nimmt Wasser auf.)

raten, riet, geraten:
- Kinder *raten* gerne Rätsel. (Sie lösen gerne Rätsel.)
- *Rate* einmal, was die Uhr gekostet hat! (Schätze den Preis!)
- Mein Freund *riet* mir, zum Arzt zu gehen. (Er sagte, ich solle das tun.)
- Wem nicht zu *raten* ist, dem ist auch nicht zu helfen. (Sprw.)

abraten:
- Peter *riet* mir *ab*, die Stelle anzunehmen. (Er warnte mich.)

anraten:
- Es wurde ihm von der Geschäftsführung *angeraten* zu gehen. (Man legte es ihm nahe; man riet es ihm sehr.)

beraten:
- Mein Anwalt *hat* mich gut *beraten*. (Er gab mir einen guten Rat.)
- Das Parlament *hat* das Gesetz *beraten*. (Es besprach das Gesetz.)

sich mit jm ~
- Er *berät sich mit* seinem Vater über seine Berufsausbildung. (Sie besprechen das Problem.)

erraten:
- Ich *habe* das Rätsel *erraten*. (Ich habe die Lösung gefunden.)
- Er *erriet* meine Absicht sofort. (Er durchschaute mich.)

geraten:
- Der Kuchen *ist* gut *geraten*. (Er ist gelungen.)
- Nach langem Herumlaufen *geriet* ich schließlich zum Bahnhof. (Ich kam zum Bahnhof.)

in et. ~
- Hans *geriet in* Geldschwierigkeiten. (Er kam in Schwierigkeiten.)
- Ich *gerate* leicht *in* Verlegenheit. (Ich werde leicht verlegen.)

verraten:
- Der Spion *verrät* sein Vaterland. (Er bricht seinem Land die Treue.)
- *Verrate* mir den Preis deines Kleides! (Sage mir, was es gekostet hat!)

reiben, rieb, gerieben:
- Die Mutter *reibt* trockene Semmeln. (Sie zerkleinert sie.)
- Meine Schuhe *haben* an den Fersen *gerieben*. (Sie haben gedrückt.)
- Das werde ich ihm *unter die Nase reiben*! (Das werde ich ihm aber genau sagen! U.)

sich ~
- Das Kind *reibt sich* die Augen.
- Der Gastwirt *rieb sich* die Hände. (Er war vergnügt; I.)

sich an jm ~
- Er *reibt sich* ständig *an* seinen Mitmenschen. (Er sucht Streit.)

abreiben:
- Die Mutter *reibt* das Baby nach dem Baden *ab*. (Sie trocknet es gut ab.)
- Ich *reibe* die Zitrone *ab*. (Ich reibe die Schale herunter.)

aufreiben:
- Die Kompanie wurde bei dem Angriff *aufgerieben*. (Sie wurde fast vernichtet.)

sich ~
- Die Waschfrau *rieb sich* die Hände *auf*. (Die Hände wurden wund.)
- Der Arzt *hat sich* bei der Arbeit *aufgerieben*. (Er machte sich krank.)

einreiben:
- Vor einem Sonnenbad *reiben* wir uns *ein*. (Wir ölen uns ein.)

verreiben:
- *Verreiben* Sie die Salbe gut! (Verteilen Sie sie gut!)

reißen, riß, gerissen:
- Die Kette *ist gerissen*. (Sie hat nicht gehalten. Sie ist zerbrochen.)
- Der Junge *reißt* ein Loch in seine Hose. (Er beschädigt sie.)
- Die Mutter *hat* dem Kind die Streichhölzer aus der Hand *gerissen*. (Sie nahm sie ihm heftig weg.)
- Der Löwe *hat* die Gazelle *gerissen*. (Er hat sie getötet.)

et. an sich ~
- Der Diktator *riß* alle Macht *an sich*. (Er nahm sich mit Gewalt alle Macht.)

sich um et. ~
- Ich *reiße mich* nicht *um* diese Arbeit. (Ich will sie nicht unbedingt machen; U.)

abreißen:
- Die Arbeiter *reißen* das Haus *ab*. (Sie brechen es ab.)
- Ich *habe* das gestrige Kalenderblatt *abgerissen*. (Ich habe es entfernt.)

– Die telefonische Verbindung *ist abgerissen*. (Sie wurde unterbrochen.)
– Der Ärger *reißt* nicht *ab*. (Er hört nicht auf.)

anreißen:
– Ich möchte die Pralinenschachtel heute nicht mehr *anreißen*. (Ich möchte sie nicht öffnen und etwas herausnehmen; U.)

aufreißen:
– Er *reißt* vor Schreck die Augen *auf*. (Er öffnet sie weit.)
– Ungeduldig *riß* ich den Brief *auf*. (Ich öffnete ihn schnell.)
– Die Arbeiter *haben* die Straße *aufgerissen*. (Sie gruben die Straße auf.)
– Max *reißt* gern *den Mund auf*. (Er prahlt gern; U.)

ausreißen:
– Ich *riß* das Unkraut im Garten *aus*. (Ich holte es mit den Wurzeln aus dem Boden.
– Er glaubt, er kann *Bäume ausreißen*. (Er fühlt sich stark; I.)
– Die Arbeiter *reißen sich kein Bein aus*. (ironisch: Sie lassen sich viel Zeit; I., U.)
– Peter *hat* das Knopfloch an seiner Jacke *ausgerissen*. (Er hat es kaputt gemacht.)
– Der Junge *ist* von zu Hause *ausgerissen*. (Er ist davongelaufen; U.)

einreißen:
– Die Mauer wird *eingerissen*. (Sie wird beseitigt.)
– Die Unsitte, zu spät zu kommen, *reißt* immer mehr *ein*. (Sie wird zur schlechten Gewohnheit.)

entreißen:
– Ich *entriß* dem Dieb meinen Koffer. (Ich nahm ihn dem Dieb mit Gewalt fort.)
– Der Chirurg *entreißt* den Schwerverletzten dem Tod. (Er rettet ihn.)

fortreißen:
– Das Hochwasser *riß* die Brücke *fort*. (Es zerstörte sie und nahm sie mit.)
– Der Redner *hat* die Zuhörer mit sich *fortgerissen*. (Er hat sie begeistert.)

hinreißen:
jn zu et. ∼
– Der Ärger *riß* ihn *dazu hin*, etwas Unüberlegtes zu sagen. (Der Ärger machte ihn unbeherrscht.)

losreißen:
sich ∼
– Der Hund *hat sich losgerissen*. (Er machte sich frei.)
– Ich kann *mich* von dem Buch nicht *losreißen*. (Ich kann mich nicht davon trennen.)

mitreißen:
– Die Musik *reißt* mich *mit*. (Sie begeistert mich sehr.)

umreißen: (trennb. u. untrennb.)
– Die Menge *hat* das Kind *umgerissen*. (Sie warf es zu Boden.)

– Der Politiker *umriß* das neue Parteiprogramm. (Er erklärte es, aber nicht in Einzelheiten.)

verreißen:
- Der Kritiker *verriß* das Theaterstück. (Er kritisierte es sehr; I.)

zerreißen:
- Ich *zerreiße* den Brief. (Ich mache kleine Stücke aus ihm; ich vernichte ihn.)
- Das Kind *hat* den Mantel *zerrissen*. (Es hat ihn kaputt gemacht.)
- Ich kann mich nicht *zerreißen!* (Ich kann nicht zwei Sachen zugleich machen; I., U.)

zusammenreißen:
sich ~
- *Reißen* Sie *sich zusammen!* (Beherrschen Sie sich!)

reiten, ritt, geritten:
- Ich *reite* gern. (Ich sitze gern zu Pferd.)
- Er *reitet* Schritt. (Er reitet langsam.)
- Inge *ist* in den Wald *geritten.*
- Der Turnierreiter *hat* dieses Pferd am liebsten *geritten.*
- Dich *hat* wohl *der Teufel geritten!* (Du bist wohl verrückt! U.)

ausreiten:
- Die Dame *reitet aus.* (Sie reitet spazieren.)

herumreiten:
auf et. ~
- Er *reitet* immer *auf* seinen Prinzipien *herum.* (Er spricht immer davon und nimmt sie viel zu wichtig.)

rennen, rannte, gerannt:
- *Rennen* Sie nicht so! (Laufen Sie nicht so schnell!)
- Der Junge *rannte* gegen die Mauer. (Er stieß im Lauf gegen die Mauer.)
- Mit diesen Ideen wird er *gegen eine Mauer rennen.* (Er wird starken Widerstand finden; I.)

anrennen:
gegen et. ~
- Der Feind *ist gegen* unsere Stellungen *angerannt.* (Er versuchte, sie mit Gewalt zu nehmen.)
- Junge Leute glauben, *gegen* das Schicksal *anrennen* zu können. (Sie glauben, es nach ihrem Willen ändern zu können.)

einrennen:
- Fritz *rannte* sich den Kopf *ein.* (Er verletzte sich schwer.)
- Die Hausiererin *hat* mir das Haus *eingerannt.* (Sie kam immer wieder und belästigte mich.)
- Warum wollen Sie *offene Türen einrennen?* (Warum wollen Sie etwas Unnötiges tun? I.)

überrennen:
- Alexander *hat* mit seinen Truppen Persien *überrannt*. (Er hat es sehr
  schnell erobert.)
riechen, roch, gerochen:
- Die Blume *riecht* gut. (Sie duftet.)
- Die Sache *riecht* faul. (Ich glaube, sie ist nicht in Ordnung; I.)
nach et. ~
- Die Wurst *riecht nach* Knoblauch. (Sie ist damit gewürzt.)
et. (jn) nicht ~ können
- Das *konnte* ich *nicht riechen.* (Das konnte ich nicht wissen; U.)
- Diesen Menschen *kann* ich *nicht riechen.* (Ich mag ihn gar nicht;
  U.)
ringen, rang, gerungen:
- Es war ein harter Kampf; sie *rangen* auf Leben und Tod. (Sie kämpften
  verbissen.)
mit jm ~
- Der Polizist *rang mit* dem Verbrecher, um ihm die Waffe zu entreißen.
  (Er kämpfte mit ihm.)
- Ich *ringe* noch *mit* mir: soll ich den Wagen kaufen oder nicht? (Ich
  kann mich nicht entscheiden.)
um et. ~
- Der neue Chef *ringt um* die Anerkennung bei den Angestellten. (Er
  kämpft darum.)
abringen:
- Die Tochter *rang* dem Vater die Erlaubnis *ab*, nach Italien fahren zu
  dürfen. (Sie bat so lange, bis er es erlaubte.)
ausringen (auswringen)
- Die Mutter *ringt (wringt)* die Wäsche *aus*. (Sie preßt das Wasser aus
  der nassen Wäsche.)
durchringen:
sich zu et. ~
- Der alte Herr *hat sich zu* dem Entschluß *durchgerungen*, die Fabrik zu
  verkaufen. (Der Entschluß fiel ihm schwer.)
erringen:
- Der französische Reiter *errang* den Sieg. (Er wurde Sieger.)
sich ~
- Er *hat sich* eine hohe Stellung *errungen*. (Er erkämpfte sie sich.)
rinnen, rann, geronnen:
- Die Stunde *rinnt*. (Die Zeit vergeht; lit.)
- Der Regen *rann* in den Rinnstein. (Er floß in den Rinnstein.)
- Der Schweiß *rinnt* ihm von der Stirn. (Er tropft ihm von der Stirn.)
- Das Geld *ist* ihm durch die Finger *geronnen*. (Er konnte es nicht halten.
  Er war nicht sparsam; I.)

entrinnen:
- Mit Mühe *entrannen* die Bergsteiger dem Tod. (Sie entflohen aus Todesgefahr.)

gerinnen:
- Das Blut *gerinnt* an der Luft. (Es wird fest.)
- Die Milch *ist geronnen*. (Sie ist sauer geworden.)

verrinnen:
- Die schönen Tage *sind* zu schnell *verronnen*. (Sie vergingen zu schnell.)
- In der Wüste *verrinnt* das Wasser im Sand. (Es verliert sich im Sand.)

zerrinnen:
- Der Schnee *zerrinnt* in der Sonne. (Er schmilzt.)
- Das Geld *zerrinnt* ihm unter den Fingern. (Er kann es nicht halten; I.)
- Wie gewonnen, so *zerronnen*. (Sprw.)

rufen, rief, gerufen:
- Der Kuckuck *ruft*. (Er schreit.)
- Die Pflicht *ruft*! (Ich muß arbeiten; I.)
- Ich *rufe* das Kind. (Das Kind soll kommen.)
- Der Ertrinkende *ruft* um Hilfe.
- Gott *hat* meinen Freund *zu sich gerufen*. (Er ist gestorben; I.)

nach jm ~
- Der Gast *ruft nach* dem Kellner. (Er ruft ihn.)

abberufen:
- Der Diplomat wurde *abberufen*. (Er mußte in sein Land zurück.)

abrufen:
- Der Bahnbeamte *ruft* die Züge *ab*. (Er gibt ihre Abfahrt bekannt.)
- Der Kaufmann *hat* die gekaufte Ware *abgerufen*. (Er verlangte Lieferung.)

anrufen:
- Ich *habe* das Krankenhaus *angerufen*. (Ich telefonierte mit dem Krankenhaus.)
- Der Mann *rief* das Gericht *an*. (Er forderte eine gerichtliche Entscheidung.)
- Der Kranke *ruft* Gott um Hilfe *an*. (Er betet.)

aufrufen:
- Der Lehrer *hat* den Schüler *aufgerufen*. (Er sagte seinen Namen und wollte eine Antwort haben.)
- Die Regierung *ruft* zur Sparsamkeit *auf*. (Sie fordert sie.)

ausrufen:
- Im Warenhaus wird ein Kind *ausgerufen*. (Man sucht mit Lautsprechern seine Angehörigen.)
- Der Verkäufer *rief* seine Ware *aus*. (Er machte Reklame dafür.)
- Napoleon wurde zum Kaiser *ausgerufen*. (Seine Wahl wurde bekanntgegeben.)

berufen:
- Der Minister wurde in den Bundesrat *berufen.* (Er wurde dafür bestimmt.)
- Man *berief* den Professor auf den Lehrstuhl für Geschichte. (Er bekam eine Professur.)

sich auf jn (et.) ~
- Der Stellungssuchende *berief sich auf* Herrn Müller. (Herr Müller war seine Referenz.)
- Ich *berufe mich auf* Ihr Versprechen. (Ich beziehe mich darauf.)

zu et. ~ sein
- Du *bist zum* Künstler *berufen.* (Du hast eine große Begabung.)

einberufen:
- Man *hat* den Jahrgang 1952 *einberufen.* (Angehörige dieses Jahrgangs müssen Soldaten werden.)

hervorrufen:
- Die Krankheit wurde durch falsche Ernährung *hervorgerufen.* (Falsche Ernährung war die Ursache der Krankheit.)

widerrufen:
- Der Gemeindevorstand *widerrief* die Anordnung. (Er nahm sie zurück.)

salzen, salzte, gesalzen:
- Die Suppe ist zu stark *gesalzen.* (Sie hat zu viel Salz.)
- Die Bäuerin *salzt* die Eier. (Sie gibt Salz darauf.)
- Die Preise sind *gesalzen.* (Sie sind hoch; U.)

einsalzen:
- Der Metzger *salzt* den Schinken *ein.* (Er macht ihn mit Salz haltbar.)

versalzen:
- Leider *habe* ich die Suppe *versalzen.* (Ich tat zu viel Salz hinein.)
- Diese Suppe werde ich ihm *versalzen.* (Ich werde seinen Plan unmöglich machen; U., I.)

saufen, soff, gesoffen:
- Das Pferd *säuft* Wasser. (Es trinkt.)
- Der Mann *säuft.* (Er trinkt viel zu viel Alkohol; U.)

besaufen:
sich ~
- Er *hat sich besoffen.* (Er hat sich betrunken; U.)

ersaufen:
- Das Bergwerk *ist ersoffen.* (Weil Wasser eingedrungen war, mußte man es stillegen.)

versaufen:
- Er *versäuft* sein ganzes Geld. (Er gibt sein ganzes Geld für Alkohol aus; U.)

saugen, sog, gesogen (auch: saugte, gesaugt):
- Die Biene *saugt* den Honig aus den Blumen. (Sie holt ihn heraus.)
- Der Staubsauger *hat* den Schmutz aus dem Teppich *gesaugt*. (Er hat ihn herausgezogen.)

sich et. ∼ aus
- Der Reporter *hat sich* die Nachricht *aus* den Fingern *gesogen*. (Er hat sie erfunden; I.)

aussaugen:
- Die Erde ist *ausgesogen*. (Sie ist verbraucht.)
- Seine Gläubiger *saugten* ihn *aus*. (Sie nahmen ihm das Letzte.)

schaffen, schuf, geschaffen (oder: schaffte, geschafft):
1. schaffen (stark) – et. Neues machen, et. formen:
   - Beethoven *schuf* neun Symphonien. (Er komponierte sie.)
   - Die Stadt *hat* viele Kinderspielplätze *geschaffen*. (Sie hat sie angelegt.)
   - Am Anfang *schuf* Gott Himmel und Erde. (Er machte sie aus dem Nichts.)
2. schaffen (schwach) – et. wegbringen, arbeiten, erreichen:
   - Der Bote *schaffte* die Briefe zur Post. (Er brachte sie dorthin.)
   - Der Kranke wird ins Krankenhaus *geschafft*. (Er wird dorthin gebracht.)
   - Die Mutter *schaffte* fleißig im Garten. (Sie arbeitete viel dort.)
   - *Hast* du den Zug noch *geschafft*? (Hast du ihn erreicht?)
   - Bis morgen *schaffe* ich die Arbeit nicht. (Ich bringe sie nicht fertig.)
   - Du *machst* mir viel *zu schaffen*. (Du machst mir viel Arbeit, Mühe und Sorgen; I.)

abschaffen: (nur schwach)
- Ich *schaffe* meinen Hund *ab*. (Ich behalte ihn nicht.)
- Veraltete Gesetze *schafft* man *ab*. (Man hebt sie auf.)

anschaffen: (nur schwach)
- Der Hausherr *hat* für den Winter Kohlen *angeschafft*. (Er hat sie besorgt.)
- Ich *schaffe* mir ein Auto *an*. (Ich kaufe mir eins.)

beschaffen: (nur schwach)
- Können Sie mir eine Wohnung *beschaffen*? (Können Sie mir eine Wohnung besorgen?)

erschaffen: (nur stark)
- Wagner erschuf einen neuen Typus des Musiktheaters. (Er ließ ihn entstehen.)

verschaffen: (nur schwach)
- Ich *verschaffte* ihm eine gute Stellung. (Ich besorgte sie ihm.)

scheiden, schied, geschieden:
- Es ist schwer, von guten Freunden zu *scheiden*. (Man trennt sich nicht leicht von ihnen.)
- Das Gericht *hat* die Ehe *geschieden*. (Es trennte sie.)
- Ich *scheide* aus dem Amt. (Ich verlasse es.)

sich ~
  - Unsere Wege *scheiden sich*. (Sie gehen auseinander.)
ausscheiden:
  - Unser Trinkwasser *scheidet* Kalk *aus*. (Kalk setzt sich ab.)
  - Herr Müller *ist* im Mai aus unserer Firma *ausgeschieden*. (Er hat sie verlassen.)
  - Der Fußballverein *scheidet* aus den Endspielen *aus*. (Er darf nicht mehr mitspielen.)
bescheiden:
  - Man *hat* ihn zur Polizei *beschieden*. (Er wurde dorthin bestellt.)
sich mit et. ~
  - Ich *bescheide mich mit* dem kleineren Teil der Erbschaft. (Ich gebe mich damit zufrieden.)
entscheiden:
  - Das Gericht *entscheidet* den Fall. (Es sagt das endgültige Urteil.)
  - Mein Vater *hat entschieden*, daß ich in München studieren soll. (Er hat sich dazu entschlossen.)
  - Noch ist nichts *entschieden*. (Es ist noch keine Entscheidung gefallen.)
sich für et. ~
  - Der Kunde *entschied sich für* die blaue Krawatte. (Er wählte sie.)
unterscheiden:
  - Mit dem Feldstecher kann ich alle Einzelheiten *unterscheiden*. (Ich sehe alles genau.)
  - Er kann Mein und Dein nicht *unterscheiden*. (Er stiehlt; I., U.)
sich ~
  - Die Zwillinge *unterscheiden sich* kaum. (Sie sind fast gleich.)
verscheiden:
  - Mein Vater *ist* leider früh *verschieden*. (Er starb früh.)

scheinen, schien, geschienen:
  - Die Sonne *hat* am Sonntag *geschienen*. (Sie leuchtete vom Himmel.)
  - Sie *scheint* glücklich zu sein. (Sie macht einen glücklichen Eindruck; sie sieht glücklich **aus**.)
bescheinen:
  - Die Sonne *bescheint* die Landschaft. (Sie beleuchtet sie.)
durchscheinen:
  - Die Schrift *schien* durch den dünnen Umschlag *durch*. (Man konnte durch den Umschlag lesen.)
erscheinen:
  - Gestern *erschien* unangemeldeter Besuch. (Der Besuch kam unangemeldet.)
  - Ich muß als Zeuge vor Gericht *erscheinen*. (Ich muß als Zeuge auftreten.)
  - Das Buch *ist* im Verlag X. *erschienen*. (Es kam dort heraus.)
  - Der Gedanke *erscheint* mir neu. (Er kommt mir neu vor.)

- Durch deine Erzählung *erscheint* die Sache jetzt *in einem anderen Licht*. (Sie sieht jetzt anders aus; I.)
- Das Kleid *erscheint* teurer, als es ist. (Es ist nicht so teuer wie es aussieht.)

schelten, schalt, gescholten:
- Der Lehrer *schalt* den Jungen einen Dummkopf. (Er sagte, der Junge sei ein Dummkopf.)

auf jn ~
- Der Meister *hat auf* seinen Lehrling *gescholten*. (Er hat auf ihn geschimpft.)

über et. ~
- Der Direktor *hat über* die allgemeine Unpünktlichkeit *gescholten*. (Er war böse darüber.)

scheren, schor, geschoren (oder: scherte, geschert):
1. scheren (stark) – abschneiden.
- Der Schäfer *schor* die Schafe. (Er nahm ihnen die Wolle.)
- Der Gärtner *hat* den Rasen *geschoren*. (Er schnitt ihn ganz kurz.)
- Man darf nicht alles *über einen Kamm scheren*. (Man kann nicht alles mit einem Maß messen; I.)
2. sich scheren um et. (schwach) – sich um et. kümmern:
- *Scheren* Sie *sich* nicht *darum!* (Kümmern Sie sich nicht darum!)

fortscheren (schwach):
sich ~
- *Scher dich fort!* (Geh schnell weg! U.)

schieben, schob, geschoben:
- Der Junge *schob* den Handwagen. (Er bewegte ihn nach vorn.)
- Er muß immer *geschoben* werden. (Man muß ihn immer antreiben; I.)
- Nach dem Krieg *haben* viele Leute *geschoben*. (Sie haben dunkle Geschäfte gemacht; U.)
- Mein Kollege *schiebt* mir die Schuld *in die Schuhe*. (Er gibt mir die Schuld, aber ich bin unschuldig; I.)
- Die Arbeit wurde *auf die lange Bank geschoben*. (Sie wurde hinausgezögert. Sie wurde nicht gemacht; I.)

abschieben:
- Er *schiebt* die Schuld von sich *ab*. (Er macht andere verantwortlich.)
- Man *schiebt* den Betrüger über die Grenze *ab*. (Er wird ausgewiesen.)

anschieben:
- Wir mußten den Wagen *anschieben*. (Wir mußten ihn durch Schieben in Gang bringen, weil der Motor nicht ansprang.)

aufschieben:
- Inge *hat* ihre Reise *aufgeschoben*. (Sie wird später fahren.)
- Die Sache läßt sich nicht *aufschieben*. (Man kann sie nicht später erledigen.)

einschieben:
- Wir *schieben* eine Pause *ein*. (Wir machen eine Pause, die nicht geplant war.)

unterschieben:
- Man *unterschiebt* mir, daß ich das Gerücht verbreitet habe. (Ich soll es getan haben, aber ich war es nicht.)

verschieben:
- Der Waggon wurde auf ein anderes Gleis *verschoben*. (Man stellte ihn auf ein anderes Gleis.)
- Der Direktor *verschob* seinen Urlaub. (Er nahm ihn später.)
- Ihre Krawatte *hat sich verschoben*. (Sie sitzt nicht richtig.)

vorschieben:
- *Schieb* den Riegel *vor!* (Sichere die Tür!)
- Die Polizei *hat* dem Lärmen auf den nächtlichen Straßen *einen Riegel vorgeschoben*. (Sie hat es unmöglich gemacht; I.)
- Der große Bruder *hat* die kleine Schwester *vorgeschoben*. (Er ließ sie für sich sprechen. Er versteckte sich hinter ihr.)

schießen, schoß, geschossen:
- Mein Bruder kann gut *schießen*. (Er trifft das Ziel.)
- Der Weizen *schießt* aus der Erde. (Er wächst sehr schnell.)
- Meine Tochter *ist* im letzten Jahr *in die Höhe geschossen*. (Sie ist sehr gewachsen.)
- Die Möwen *schießen* durch die Luft. (Sie fliegen sehr schnell.)
- Der Gedanke *schoß* ihm durch den Kopf. (Er kam ihm plötzlich.)
- Du *hast einen Bock geschossen*. (Du hast einen Fehler gemacht; I., U.)

abschießen:
- Das Flugzeug wurde *abgeschossen*. (Es wurde heruntergeschossen.)
- Seine Gegner versuchen, ihn *abzuschießen*. (Sie versuchen, ihn unmöglich zu machen; I.)
- Paul *hat den Vogel abgeschossen*. (Er hat ihn getroffen; oder: Er hat das Höchste erreicht; U., I.)

anschießen:
- Das Reh wurde nur *angeschossen*. (Es wurde verletzt, aber nicht getötet.)

beschießen:
- Der Feind *beschoß* die Stadt. (Er schoß lange auf sie.)
- Die Atome werden *beschossen*. (Dadurch werden sie geteilt.)

durchschießen: (trennb. u. untrennb.)
- Der leichtsinnige Junge *schoß* durch mein Fenster *durch*. (Die Kugel ging durch die Scheibe).
- Das Motorboot *durchschießt* die Wellen. (Es fährt sehr schnell.)

einschießen
- Mein Onkel *hat* Geld in die Firma *eingeschossen*. (Er gab der Firma Geld.)

sich ~
- Die Artillerie *schießt sich* auf ein Ziel *ein*. (Sie gibt Zielschüsse ab.)

emporschießen:
- In diesem Stadtteil *sind* viele neue Bürohäuser *emporgeschossen*. (Sie sind sehr schnell in die Höhe gewachsen.)

erschießen:
- Der Unglückliche *hat* sich *erschossen*. (Er nahm sich das Leben.)

losschießen:
- *Schieß los!* (Beginne zu erzählen! U.)

verschießen:
- Er *verschoß* hundert Schuß. (Er schoß hundertmal.)
- Der Jäger *hat sich verschossen*. (Er hat seine Munition verbraucht.)
- Der Stoff *ist verschossen*. (Die Farbe ist blaß geworden.)

sich in jn ~
- Der Freund *ist in* das Mädchen sehr *verschossen*. (Er ist in sie verliebt.)

vorschießen:
- Der Rennfahrer *ist vorgeschossen*. (Er ist aus der Menge an die Spitze gefahren.)
- Meine Firma *hat* mir tausend Mark *vorgeschossen*. (Sie lieh mir das Geld und zieht es von meinem Gehalt ab.)

zerschießen:
- Der Junge *hat* mit dem Luftgewehr die Fensterscheibe *zerschossen*. (Er hat sie kaputt gemacht.)

schlafen, schlief, geschlafen:
- *Schlaf* gut! (Habe eine gute Nacht!)
- Der Kaufmann *hat geschlafen*. (Er hat nicht aufgepaßt; I., U.)

ausschlafen:
- Sonntags kann die ganze Familie *ausschlafen*. (Sie kann so lange schlafen, wie sie will.)
- Der Betrunkene *schläft* seinen Rausch *aus*. (Er schläft so lange, bis er wieder nüchtern ist.)

durchschlafen:
- Ein gesundes Kind *schläft* nachts *durch*. (Es wacht nachts nicht auf.)

einschlafen:
- Er *schläft* immer gleich *ein*. (Er beginnt gleich zu schlafen.)
- *Schlaf* nicht *ein!* (Bleibe wach! oder: Sei nicht so langsam! I.)
- Die alte Frau *ist* sanft *eingeschlafen*. (Sie hatte einen leichten Tod.)
- Unser Briefwechsel *ist eingeschlafen*. (Er hat langsam aufgehört.)
- Mir ist ein Bein *eingeschlafen*. (Es ist gefühllos geworden.)

überschlafen:
- *Überschlafe* die Sache! (Überlege sie dir in Ruhe! Ich gebe dir Bedenkzeit.)

verschlafen:
- Heute morgen *habe* ich *verschlafen*. (Ich wachte zu spät auf.)
- Sie ist *verschlafen*. (Sie zeigt kein Interesse.)

schlagen, schlug, geschlagen:

1. heftige Bewegung:
   - Das Kind *schlägt* nach dem Hund.
   - Der Storch *schlägt* mit den Flügeln.
   - Er *schlug* mit dem Hammer den Nagel in die Wand. (Er machte ihn fest.)
   - Der Betrunkene *schlug* alles *in Stücke.* (Er machte alles kaputt; I.)
   - Die Schulklasse *schlug über die Stränge.* (Sie war zu übermütig; I.)
   - *Schlag dir* die Reise *aus dem Kopf!* (Gib den Plan auf! I.)
2. rhythmische Bewegung:
   - Die Wellen *schlagen* an das Ufer. (Sie brechen sich am Strand.)
   - Bei jeder Prüfung *schlägt* mein Herz schneller. (Ich bin aufgeregt.)
   - Die Köchin *schlägt* Schlagsahne. (Sie macht Schlagsahne.)
   - Er *schlägt Schaum.* (Er gibt an; er redet leeres Zeug; U., I.)
3. einen Ton hervorbringen:
   - Mein Vetter *schlug* die Trommel. (Er trommelte.)
   - Die Turmuhr *schlägt.* (Sie sagt die Zeit.)
   - Sein letztes Stündlein *hat geschlagen.* (Er muß sterben; I.)
4. andere Bedeutungen:
   - Die Köchin *schlägt* Eier in die Pfanne. (Sie gibt sie hinein.)
   - Man *schlägt* eine Brücke über den Rhein. (Man baut eine Brücke.)
   - Die Gläubigen *schlagen* ein Kreuz. (Sie bekreuzigen sich.)
   - Inge *hat* mich beim Tennis *geschlagen.* (Sie besiegte mich.)

et. auf et. ∼
   - Der Verkäufer *schlug* die Unkosten *auf* den Preis. (Er erhöhte den Preis um die Unkosten.)

et. aus et. ∼
   - Der Kaufmann *schlägt aus* der Sache Kapital. (Er zieht Nutzen daraus.)

nach jm ∼
   - Der Sohn *ist* ganz *nach* dem Vater *geschlagen.* (Er ist dem Vater sehr ähnlich.)

abschlagen:
   - Die Bäume werden *abgeschlagen.* (Sie werden gefällt.)
   - Meine Mutter *hat* mir meine Bitte *abgeschlagen.* (Sie lehnte sie ab.)
   - Der Angriff des Feindes konnte *abgeschlagen* werden. (Er konnte abgewehrt werden.)

anschlagen:
   - Unser Hund *schlug an.* (Er bellte.)
   - Die Kur *hat angeschlagen.* (Sie hat gewirkt.)
   - Der Tischler *schlug* das Brett *an.* (Er machte es fest.)
   - Das Plakat wurde *angeschlagen.* (Es wurde öffentlich ausgehängt.)
   - Der Kapellmeister *schlägt* den Ton *an.* (Er gibt ihn.)
   - Der Lehrer *schlug einen* strengen *Ton an.* (Er wurde energisch; I.)

aufschlagen:
- Das Mädchen *schlug* die Augen *auf*. (Es sah empor; oder: Es erwachte.)
- Bitte, *schlagen* Sie Ihre Bücher *auf!* (Öffnen Sie die Bücher!)
- Wir *schlugen* unser Zelt am Wasser *auf*. (Wir stellten es dort auf.)
- Der Kaufmann *schlägt* 10 % *auf*. (Er erhöht den Preis.)

sich et. ~
- Das Kind *hat sich* das Knie *aufgeschlagen*. (Es hat sich das Knie verletzt.)

ausschlagen:
- Das Pferd *schlug aus*. (Es trat mit dem Bein nach hinten.)
- Die Magnetnadel *schlug aus*. (Sie zeigte die Richtung.)
- Die Bäume *schlagen aus*. (Sie beginnen zu grünen.)
- Dein Angebot muß ich *ausschlagen*. (Ich muß es ablehnen.)
- Man *hat* den Trauerraum mit schwarzem Stoff *ausgeschlagen*. (Man behängte die Wände damit.)
- Dein Benehmen *schlägt dem Faß den Boden aus!* (Du benimmst dich sehr schlecht, aber jetzt ist meine Geduld zu Ende; I., U.)

beschlagen:
- Die Fenster *sind* bei Kälte *beschlagen*. (Man kann nicht durchsehen.)
- Der Schmied *beschlägt* das Pferd. (Er nagelt neue Hufeisen auf.)

beschlagen sein in et.
- Er *ist in* Literaturgeschichte *beschlagen*. (Er hat gute Kenntnisse.)

breitschlagen:
sich ~ lassen
- Er *ließ sich breitschlagen*, mit zum Tanzen zu gehen. (Er ließ sich dazu überreden; I., U.)

durchschlagen: (trennb. u. untrennb.)
- Die Kugel *durchschlug* die Wand. (Sie kam durch die Wand.)
- Die alte Farbe *ist durchgeschlagen*. (Sie scheint durch die neue Farbe durch.)

sich ~
- Der Soldat *hat sich* zu seiner Truppe *durchgeschlagen*. (Er kam nach großen Schwierigkeiten zurück.)
- Er *schlägt sich* recht und schlecht *durch*. (Er kommt gerade mit seinem Geld aus.)

einschlagen:
- *Schlagen* Sie *ein!* (Sagen Sie, daß Sie einverstanden sind.)
- Der Blitz *hat* in das Haus *eingeschlagen*. (Er hat es getroffen.)
- Die Ware *schlägt ein*. (Sie ist ein Erfolg.)
- Die Nachricht *hat* wie eine Bombe *eingeschlagen*. (Sie war eine Sensation; I.)
- Mein Sohn *schlug* bei dem Nachbarn eine Scheibe *ein*. (Er machte sie kaputt.)

– Die Wäscherin *schlägt* die saubere Wäsche in ein Tuch *ein*. (Sie wickelt
  sie ein.)
– Der Seemann *hat* die Richtung nach dem Hafen *eingeschlagen*. (Er ist
  in diese Richtung gegangen.)

auf jn ~
– Der Kutscher *schlug auf* das Pferd *ein*. (Er schlug es sehr.)

entgegenschlagen:
– Beim Öffnen der Tür *schlug* uns Stimmengewirr *entgegen*. (Wir hörten
  plötzlich viele Stimmen.)

erschlagen:
– Der stürzende Baum *erschlug* den Holzfäller. (Er tötete ihn.)
– Diese Nachricht *erschlug* mich. (Sie macht mich ganz mutlos; U.)

herausschlagen:
– Die Flammen *schlugen* aus dem brennenden Haus *heraus*. (Das Haus
  stand in Flammen.)
– Die Soldaten konnten ihren Kameraden *herausschlagen*. (Sie konnten
  ihn mit Gewalt befreien.)
– Aus dem Verkauf des Hauses *hat* er einen guten Gewinn *herausgeschla-
  gen*. (Er hat viel daran verdient.)

losschlagen:
– Der Feind *schlug los*. (Er griff an.)
– Er *hat* wie wild auf ihn *losgeschlagen*. (Er verprügelte ihn.)
– Der Händler konnte die Mäntel *losschlagen*. (Er konnte sie verkaufen.)

nachschlagen:
– *Schlage* die Bibelstelle *nach!* (Suche sie in der Bibel!)
– Der Junge *schlägt* dem Großvater *nach*. (Er wird wie sein Großvater.)

niederschlagen:
– Der Boxer wurde von seinem Gegner *niedergeschlagen*. (Sein Gegner
  schlug ihn zu Boden.)
– Die Regierung konnte den Aufstand *niederschlagen*. (Sie konnte ihn
  unterdrücken.)
– Die Frau *schlägt* die Augen *nieder*. (Sie senkt den Blick.)

sich ~
– Der chemische Stoff *schlägt sich* in der Lösung *nieder*. (Er setzt sich
  unten ab.)

totschlagen:
– Der Mann *schlug* die Schlange *tot*. (Er tötete sie.)
– Die reiche Dame *schlägt die Zeit tot*. (Sie verbringt sie nutzlos; I.)

überschlagen: (trennb. u. untrennb.)
– Ich *überschlage* eine Buchseite. (Ich lasse sie aus. Ich lese sie nicht.)
– Der Baumeister *überschlägt* die Kosten des Hauses. (Er rechnet aus,
  was das Haus ungefähr kosten wird.)
– Der elektrische Funke *schlug über*. (Er sprang über.)

sich ～
- Das Auto *hat sich überschlagen.* (Es ist auf das Dach und wieder auf die Räder gefallen.)
- Die Stimme des Redners *hat sich überschlagen.* (Sie brach, weil er so aufgeregt war.)
- Die Sekretärin *überschlägt sich* vor Liebenswürdigkeit. (Sie ist zu liebenswürdig; U.)

umschlagen:
- Das Boot *schlägt um.* (Es kippt.)
- Das Wetter *ist umgeschlagen.* (Es hat sich geändert.)
- Die Schüler haben beim Lesen die Seite *umgeschlagen.* (Sie blätterten sie um.)
- Im Hafen werden die Güter *umgeschlagen.* (Sie werden umgeladen.)

unterschlagen: (trennb. u. untrennb.)
- Der Kassierer *hat* Geld *unterschlagen.* (Er hat Geld veruntreut.)
- Die Bäuerin *schlug* die Arme *unter.* (Sie verschränkte sie.)

verschlagen:
- Die Fenster sind mit Brettern *verschlagen.* (Sie sind damit verschlossen.)
- Hans *hat* alle Bälle *verschlagen.* (Er hat beim Tennisspielen alle Bälle ins Netz geschlagen.)
- Robinson wurde auf eine einsame Insel *verschlagen.* (Er kam gegen seinen Willen auf die Insel.)
- Die Nachricht *verschlug* mir den Atem. (Ich konnte kaum atmen, weil ich so aufgeregt war.)

vorschlagen:
- *Schlage* mir einen Termin *vor!* (Gib mir einen Termin an!)
- Herr Schmidt wurde für diesen Posten *vorgeschlagen.* (Man hat ihn empfohlen.)

zerschlagen:
- Der Sturm *hat* viele Fenster *zerschlagen.* (Er hat sie zerbrochen.)

sich ～
- Meine Pläne *haben sich zerschlagen.* (Sie sind gescheitert; sie sind nicht Wirklichkeit geworden.)

zusammenschlagen:
- Der Betrunkene *schlug* alles *zusammen.* (Er zertrümmerte alles.)
- Der Vater *hat* die Zeitung *zusammengeschlagen.* (Er faltete sie.)
- Die Wellen *sind* über ihm *zusammengeschlagen.* (Er versank in den Wellen.)
- Vor Begeisterung *schlugen* sie die Hände *zusammen.* (Sie klatschten.)
- Sie *schlug die Hände über dem Kopf zusammen.* (Sie war – angenehm oder unangenehm – überrascht; I.)

zuschlagen:
- Er *schlug* mit der Faust *zu.* (Er schlug heftig.)
- Der Wind *schlägt* die Tür *zu.* (Er wirft sie zu.)

- Der Auktionator *schlug* mir das Bild *zu*. (Ich bekam es bei der Versteigerung.)

schleichen, schlich, geschlichen:
- Der Dieb *schleicht* in das Haus. (Er kommt leise und heimlich herein.)
- Die Zeit *ist geschlichen*. (Sie ist sehr langsam vergangen; U.)

anschleichen:
- Der Förster *schleicht* das Reh *an*. (Er nähert sich ihm vorsichtig.)

beschleichen:
- Angst *hat* ihn *beschlichen*. (Er bekam Angst.)

einschleichen:
sich ~
- Der Betrüger *hat sich* in das Vertrauen der Frau *eingeschlichen*. (Sie glaubte ihm. Er gewann ihr Vertrauen.)
- Bei der Berechnung *hat sich* ein Fehler *eingeschlichen*. (Ein Fehler ist unbemerkt entstanden.)

erschleichen:
sich et. ~
- Er *erschleicht sich* das Vertrauen seines Vorgesetzten. (Er erwirbt es auf unehrliche Weise.)

umschleichen:
- Die Katze *umschleicht* das Haus. (Sie geht leise und vorsichtig um das Haus.)

schleifen, schliff, geschliffen (oder: schleifte, geschleift):
1. schleifen (stark) – etwas scharf machen:
   - Er *schliff* sein Messer. (Er schärfte es.)
   - Das Glas wird von den Kristallschleifern *geschliffen*. (Sie schleifen Muster in das Glas.)
   - Der Unteroffizier *hat* die Rekruten *geschliffen*. (Er hat mit ihnen sehr streng geübt.)
2. schleifen (schwach) – et. über den Boden ziehen:
   - Der Knecht *schleift* die schweren Säcke in die Scheune. (Er zog sie über den Boden.)
   - Man *hat* den Dieb zur Polizei *geschleift*. (Man brachte ihn mit Gewalt dorthin.)

abschleifen:
- Das Wasser *schleift* die Steine *ab*. (Es macht sie glatt.)
sich ~
- In der Lehrzeit *hat sich* der Junge gut *abgeschliffen*. (Er ist ruhiger und vernünftiger geworden.)

schließen, schloß, geschlossen:
- *Schließe* die Tür! (Mache die Tür zu!)

- Die Blumen *schließen sich* abends. (Sie gehen zu.)
- Er *schloß* seine Rede. (Er beendete sie.)
- Die Gerichtsverhandlung *schloß* mit einem Freispruch. (Sie endete damit; das Resultat war ein Freispruch.)
- Einige Staaten *schlossen* ein Bündnis. (Sie machten einen Vertrag.)
- *Schließe* doch einen Vergleich! (Einige dich ohne Prozeß!)
- Die Mutter *hat* die Tochter in die Arme *geschlossen*. (Sie hat sie umarmt; I.)
- Meine Tante *hat* mich *in ihr Herz geschlossen*. (Sie liebt mich; I.)

von jm auf jn (et.) ~
- *Schließe* nicht *von* dem Sohn *auf* die ganze Familie! (Glaube nicht, daß alle so sind.)

aus et. ~
- Ich *schließe aus* Ihren Worten, daß sie kündigen wollen. (Ich entnehme es Ihren Worten; ich folgere daraus.)

abschließen:
- *Schließe* das Tor *ab!* (Verschließe es mit einem Schlüssel!)
- Der Verkauf *ist abgeschlossen*. (Er ist gültig. Er ist rechtskräftig.)
- Der Buchhalter *hat* die Bücher *abgeschlossen*. (Er hat Bilanz gemacht.)
- Der Chemiker *schloß* den Versuch *ab*. (Er beendete ihn.)

mit et. ~
- Das Geschäftsjahr *schließt mit* einem Verlust *ab*. (Es endet damit.)
- Der Kranke *schließt mit dem Leben ab*. (Er gibt die Hoffnung auf, wieder gesund zu werden; I.)

anschließen:
- Ich *schließe* mein Fahrrad *an*. (Ich sichere es mit einer Kette.)
- Bitte, *schließen* Sie mein Telefon *an!* (Verbinden Sie es mit dem Telefonnetz!)

sich ~
- Wollen Sie *sich* uns *anschließen?* (Wollen Sie mit uns kommen?)

sich an jn (et.) ~
- *An* den Empfang *schloß sich* ein Festessen *an*. (Nach dem Empfang folgte ein Essen.)
- Er *schließt sich* schwer *an* fremde Menschen *an*. (Er findet schwer Kontakt.)

aufschließen:
- *Schließen* Sie den Koffer *auf!* (Öffnen Sie den Koffer [mit einem Schlüssel]!)
- Die Turner *schließen auf*. (Sie rücken auf. Sie schließen die Lücke.)

ausschließen:
- Ich *schließe* keinen *aus*. (Ich meine alle. Ich mache keine Ausnahme.)
- Die Prüfung durch den Fachmann *schließt* alle Fehler *aus*. (Es kann keine Fehler geben.)

- Das eine *schließt* das andere nicht *aus*. (Beides ist möglich.)
- Er wurde von der Reise *ausgeschlossen*. (Er durfte nicht mitfahren.)

beschließen:
- Wir *beschlossen*, im Sommer ans Meer zu fahren. (Wir entschieden uns für diese Reise.)
- Der Bundestag *beschließt* das Gesetz. (Es wird angenommen.)
- Er *beschloß* sein Leben in einem herrlichen Kurort. (Er verbrachte seine letzten Lebensjahre dort.)

einschließen:
- Die Schauspielerin *schließt* ihren Schmuck *ein*. (Sie sperrt ihn weg.)
- Der Feind *hat* die Festung *eingeschlossen*. (Er hat sie umstellt.)
- Verpackung und Transport sind in unseren Preis *eingeschlossen*. (Sie sind dabei; man muß nicht besonders dafür bezahlen.)
- Ich *schließe* dich in mein Gebet *ein*. (Ich bete für dich.)

entschließen:

sich ~
- Er kann *sich* nicht *entschließen*. (Er weiß nicht, welche Möglichkeit er wählen soll.)

sich zu et. ~
- Mein Vater *entschloß sich zum* Bau eines Hauses.

erschließen:
- Der Sumpf wird zur Bebauung *erschlossen*. (Die Bebauung wird möglich gemacht.)
- Der Wirtschaftsminister *hat* neue Länder für den deutschen Markt *erschlossen*. (Er hat neue Absatzmärkte gefunden und geöffnet.)

umschließen:
- Das Wasser *umschließt* die Insel. (Es umgibt sie.)

verschließen:
- *Verschließe* den Koffer! (Schließe ihn mit einem Schlüssel zu!)

sich jm ~
- Er *hat sich* den Bitten des Kindes *verschlossen*. (Er reagierte nicht darauf.)

zuschließen:
- Der Student *schließt* seinen Koffer *zu*. (Er verschließt ihn.)

schlingen, schlang, geschlungen:
- Das weinende Kind *hat* die Arme um die Mutter *geschlungen*. (Es umarmt sie.)
- Der Matrose *schlingt* einen Knoten. (Er macht einen Knoten.)
- *Schling* nicht so! (Iß nicht so gierig! U.)

sich ~
- Der wilde Wein *schlingt sich* um den Baum. (Er wächst am Baum hoch.)

verschlingen:
- Der Hai *verschlang* den kleinen Fisch. (Er fraß ihn ganz.)

- Ich *habe* das Buch *verschlungen*. (Ich habe es mit Begeisterung auf einmal durchgelesen; U.)
- Seine Reisen *verschlingen* viel Geld. (Er verbraucht dafür viel.)

schmeißen, schmiß, geschmissen:
- Der Junge *schmiß* den Stein ins Wasser. (Er warf ihn; U.)

schmelzen, schmolz, geschmolzen:
- Der Schnee *schmilzt*. (Er wird durch Wärme zu Wasser.)
- Die Arbeiter *haben* im Hochofen das Erz *geschmolzen*. (Sie haben es flüssig gemacht.)

einschmelzen:
- Die ungültigen Münzen werden *eingeschmolzen*. (Man macht sie flüssig und verwendet das Material neu.)

verschmelzen:
- Man *hat* die beiden Fabriken *verschmolzen*. (Man vereinigte sie.)

schneiden, schnitt, geschnitten:
- Die Schere *schneidet* gut. (Sie ist scharf.)
- *Schneide* das Brot! (Mache Scheiben daraus!)
- Der Friseur *hat* mein Haar *geschnitten*. (Er hat es gekürzt.)
- Der Film wird *geschnitten*. (Die schlechten Stellen werden herausgenommen.)
- Wenn ich kann, *schneide* ich diesen Mensch. (Ich grüße ihn nicht.)
- Seine Not *schneidet* mir *ins Herz*. (Es tut mir weh, daß er in Not ist.)

sich ∼
- Ich *habe mich geschnitten*. (Ich habe mich mit dem Messer verletzt.)
- Wenn du *dich* nur nicht *schneidest!* (Wenn du dich nur nicht irrst! U.)
- Die Wege *schneiden sich*. (Die Wege kreuzen sich.)
- Er *schneidet sich ins eigene Fleisch*. (Er schadet sich selbst; I.)

abschneiden:
- Der Fleischer *schneidet* ein Stück Wurst *ab*. (Er schneidet es herunter.)
- Wenn wir durch die Wiese gehen, *schneiden* wir ein Stück Weg *ab*. (Wir verkürzen den Weg.)
- Der Schüler *schnitt* in der Prüfung gut *ab*. (Er machte eine gute Prüfung.)
- Die Insel ist durch das Eis von jeder Zufuhr *abgeschnitten*. (Die Verbindung ist unterbrochen.)
- Der Vater *schnitt* dem Sohn *das Wort ab*. (Er unterbrach ihn.)
- Sein Gegner *schneidet* ihm *die Ehre ab*. (Er raubt ihm die Ehre durch Verleumdung; I.)

anschneiden:
- Wir *schneiden* jetzt den Kuchen *an*. (Wir schneiden das erste Stück ab.)
- Er *hat* das Thema *angeschnitten*. (Er hat damit begonnen.)

aufschneiden:
- Der Koch *schneidet* den Braten *auf.* (Er zerlegt ihn in Scheiben.)
- Der Lehrer *schneidet* das Buch *auf.* (Er trennt die Blätter an den Kanten.)
- Er *schneidet* mit seinen Erlebnissen *auf.* (Er übertreibt; er erzählt Lügengeschichten.)

ausschneiden:
- Er *schnitt* den Artikel aus der Zeitung *aus.*
- Ich *habe* die Äpfel *ausgeschnitten.* (Ich schnitt die schlechten Stellen heraus.)
- Bitte *schneiden* Sie das Kleid nicht so tief *aus!* (Machen Sie keinen so tiefen Ausschnitt!)

beschneiden:
- Den Schwänen werden die Flügel *beschnitten.* (Man kürzt die Flügel etwas, damit die Schwäne nicht wegfliegen können.)
- Zu viele Gesetze *beschneiden* dem Menschen die Freiheit. (Sie engen den Menschen ein.)
- Die Gelder für den Straßenbau *sind beschnitten worden.* (Sie wurden gekürzt.)

durchschneiden: (trennb. u. untrennb.)
- Die Mutter *schnitt* die Zitrone *durch.* (Sie teilte sie in zwei Teile.)
- Das Schiff *durchschnitt* die Wellen. (Es fuhr durch sie.)

einschneiden:
in et. ∼
- Der zu enge Kragen *schneidet in* die Haut *ein.* (Er schmerzt.)
- Dieses Ereignis *schnitt* tief *in* unser Leben *ein.* (Er änderte unser Leben; es bestimmte unser Leben.)

überschneiden:
sich ∼
- Unsere Arbeit *überschneidet sich.* (Wir haben zum Teil die gleiche Arbeit.)

verschneiden:
- Der Schneider *hat* den Stoff *verschnitten.* (Er hat nicht richtig zugeschnitten. Der Anzug sitzt nicht.)
- Der Wein *ist verschnitten.* (Er ist nicht rein. Er ist gemischt.)

zuschneiden:
- Der Schneider *schneidet* den Anzug *zu.* (Er schneidet die Teile aus dem Stoff.)

et. auf et. (jn) ∼
- Man *hat* den Vertrag *auf* die Wünsche des Kunden *zugeschnitten.* (Man hat seine Wünsche berücksichtigt.)

schreiben, schrieb, geschrieben:
- Der Lehrer *schreibt* gut. (Er hat eine gute Handschrift; oder: Sein Stil ist gut.)

- Der Dichter *schrieb* einen Roman. (Er verfaßte ihn.)
- Der Schüler *schreibt* die neuen Wörter in sein Heft. (Er trägt sie ein.)
- Ich *schreibe* meinem Freund einen Brief.
- Wir *schreiben* das Jahr 1970. (Wir leben in diesem Jahr.)
- *Schreibe* die Summe ruhig *in den Schornstein!* (Erwarte sie nicht mehr! I.)
- *Schreibe* dir das *hinter die Ohren!* (Merke dir das als Warnung! U.)

an jn ~
- Wilhelm *schreibt an* diese Firma. (Die Firma bekommt den Brief.)

sich mit jm (et.) ~
- Meine Tochter *schreibt sich mit* ihrer Freundin. (Sie haben einen Briefwechsel; U.)
- Herr Mayer *schreibt sich mit* »ay«.

über et. ~
- Die Zeitungen *haben* viel *über* den Besuch des Staatsmannes *geschrieben*. (Sie berichteten darüber.)

von et. (jm) ~
- Der Professor *schrieb von* seiner schönen Reise. (Er berichtete darüber.)

abschreiben:
- Ich *schrieb* die Inschrift *ab*. (Ich kopierte sie.)
- Das Geld können Sie *abschreiben!* (Betrachten Sie es als verloren!)
- Ich *habe* meinen Verwandten *abgeschrieben*. (Ich sagte ihnen schriftlich ab.)

von jm ~
- Der Schüler *schreibt von* seinem Nachbarn *ab*. (Er macht die Arbeit nicht selbst.)

sich ~
- Die Kreide *schreibt sich* schnell *ab*. (Sie verbraucht sich schnell.)

anschreiben:
- Der Lehrer *schreibt* das Wort *an*. (Er schreibt es an die Tafel.)
- Die Firma *schrieb* mich *an*. (Sie wandte sich an mich.)
- Die Frau *hat* bei dem Kaufmann *anschreiben* lassen. (Sie kaufte auf Kredit.)

aufschreiben:
- Ich möchte mir Ihre Adresse *aufschreiben*. (Ich will sie mir notieren.)
- Der Polizist *hat* den Autofahrer *aufgeschrieben*. (Er notierte das Kennzeichen; U.)

ausschreiben:
- Bitte *schreiben* Sie den Vornamen *aus!* (Bitte kürzen Sie ihn nicht ab!)
- *Schreiben* Sie die Stelle in der Zeitung *aus!* (Setzen Sie eine Anzeige in die Zeitung!)
- Der Staat *hat* die Arbeiten für den Brückenbau *ausgeschrieben*. (Baufirmen sollen sich bewerben.)

beschreiben:
- Können Sie den Täter *beschreiben?* (Können Sie sagen, wie er aussieht?)
- In dem Buch *hat* der Forscher seine Reise *beschrieben*. (Er berichtete darüber.)
- *Beschreiben* Sie mir bitte den Weg! (Erklären Sie ihn mir!)
- Der Mond *beschreibt* seine Bahn. (Er geht seinen Weg.)

einschreiben:
- Ich lasse das Paket *einschreiben*. (Ich versichere es gegen Verlust.)
- Der Schüler *schreibt* seine Ausgaben in ein Buch *ein*. (Er trägt sie ein.)

sich ~
- Die Studenten *haben sich* bei der Universität *eingeschrieben*. (Sie haben sich angemeldet.)

gutschreiben:
- Die Bank *hat* Ihnen die Summe *gutgeschrieben*. (Sie buchte sie auf Ihr Konto.)

mitschreiben:
- Der Stenograph *schrieb* die Verhandlung *mit*. (Er schrieb ein Protokoll.)

niederschreiben:
- Der Chemiker *hat* das Ergebnis seiner Versuche *niedergeschrieben*. (Er hat es schriftlich festgehalten.)

überschreiben:
- Der Schüler *überschreibt* seinen Aufsatz »Ein Ferientag«. (Er gibt ihm eine Überschrift.)
- Der Vater *hat* seinem Sohn die Firma *überschrieben*. (Er gab sie ihm und ließ ihn als Inhaber eintragen.)

umschreiben: (trennb. u. untrennb.)
- Der Schriftsteller *schrieb* die Novelle *um*. (Er änderte sie.)
- Der Sohn *umschreibt* seine Bitte. (Er sagt sie nicht direkt.)

unterschreiben:
- Der Chef *unterschreibt* die Post. (Er schreibt seinen Namen darunter.)
- Deine Ansicht kann ich nicht *unterschreiben*. (Ich teile sie nicht.)

verschreiben:
- Der Arzt *verschrieb* mir eine Medizin. (Er gab mir ein Rezept.)

sich ~
- Der Schüler *hat sich verschrieben*. (Er hat einen Fehler beim Schreiben gemacht.)
- Er *hat sich dem Teufel verschrieben*. (Er hat sich mit ihm verbündet; I., U.)

vorschreiben:
- Die Gesetze *schreiben* uns *vor*, was wir zu tun haben. (Sie sagen es uns.)
- Ich lasse mir nichts von dir *vorschreiben!* (Ich lasse mir nichts befehlen!)

zuschreiben:
- Sie haben sich den Fehler selbst *zuzuschreiben*. (Suchen Sie die Schuld bei sich selbst.)

- Das Bild wird Rubens *zugeschrieben*. (Man denkt, daß er es gemalt hat, aber man kann es nicht beweisen.)

schreien, schrie, geschrien:
- Die Frau *schreit*. (Sie ruft sehr laut.)
- Der Junge *schrie wie am Spieß*. (Er brüllte; U.)
- Diese Ungerechtigkeit *schreit zum Himmel*. (Sie ist empörend; I.)

nach et. ~
- Die Tat *schreit nach* Rache. (Sie verlangt Rache; I.)
- Der Garten *schreit nach* Wasser. (Er braucht unbedingt Wasser; U.)

anschreien:
- Der Meister *hat* den Lehrling *angeschrien*. (Er schimpfte sehr laut mit ihm.)

aufschreien:
- Die Frauen *schrien* vor Entsetzen *auf*. (Sie stießen einen Schrei aus.)

überschreien:
- Die Menge *überschrie* den Redner. (Man konnte ihn nicht mehr hören.)

sich ~
- In dieser Szene *hat sich* der Schauspieler *überschrien*. (Seine Stimme hat sich überschlagen.)

schreiten, schritt, geschritten:
- Die Mönche *sind* über den Platz *geschritten*. (Sie sind langsam und feierlich gegangen.)

zu et. ~
- Wir *schreiten zur* Abstimmung! (Wir beginnen jetzt damit.)

ausschreiten:
- Wenn wir den Zug noch erreichen wollen, müssen wir *ausschreiten*. (Wir müssen schnell gehen.)

beschreiten:
- Ich *habe* den Rechtsweg *beschritten*. (Ich bin vor das Gericht gegangen.)

einschreiten:

gegen jn ~
- Die Polizei *schreitet gegen* die Unruhestifter *ein*. (Sie geht gegen sie vor.)

fortschreiten:
- Die Technik *schreitet fort*. (Sie entwickelt sich weiter.)
- Die Arbeit des Wissenschaftlers *schreitet gut fort*. (Er kommt gut voran.)

überschreiten:
- Es ist verboten, die Gleise der Eisenbahn zu *überschreiten*. (Man darf nicht darüber gehen.)
- Der Verwalter *überschreitet* seine Befugnisse. (Er tut etwas, wozu er kein Recht hat.)
- Die Kostenvoranschläge für Bauten werden oft *überschritten*. (Die Häuser werden teurer, als geplant war.)

schweigen, schwieg, geschwiegen:
- *Schweig!* (Sei still!)
- Die Kapelle *schweigt* jetzt. (Sie spielt nicht.)
- Sein Gewissen *schweigt.* (Es bleibt stumm.)

ausschweigen:
   sich über et. ~
- Er *schwieg sich über* die Sache *aus.* (Er sprach nicht darüber.)

totschweigen:
- Die Regierung *schwieg* den Fall *tot.* (Sie sagte nichts darüber. Sie versuchte, ihn vor der Öffentlichkeit zu verbergen.)

verschweigen:
- Du kannst das Verbrechen nicht *verschweigen.* (Du mußt es melden.)
- Ich habe nichts zu *verschweigen!* (Ich habe nichts zu verbergen.)

schwellen, schwoll, geschwollen: (oder: schwellte, geschwellt):
1. schwellen (stark) – größer werden:
- Meine Füße *schwollen* nach der langen Wanderung. (Sie wurden dick.)
- Die Mandeln des Kindes *sind geschwollen.* (Sie sind groß und entzündet.)
2. schwellen (schwach) – größer machen
- Begeisterung *schwellte* meine Brust. (Meine Brust weitete sich vor Begeisterung; lit.)

anschwellen:
- Mein verletztes Bein *schwoll an.* (Es wurde dick.)
- Der Lärm *ist angeschwollen.* (Es wird lauter.)
- Durch den Regen *schwillt* der Fluß *an.* (Das Wasser steigt.)

schwimmen, schwamm, geschwommen:
- Der Junge *schwimmt* gut.
- Er *ist* über die Elbe *geschwommen.* (Er hat sie durchquert.)
- Holz *schwimmt* auf dem Wasser. (Es ist leichter als Wasser.)
- Der Fußboden *schwimmt.* (Er ist sehr naß.)
- Die Frau *schwamm* in Tränen. (Sie weinte sehr.)
- Der Mann *schwimmt in Geld.* (Er ist sehr reich; I.)
- Es *schwimmt* mir vor den Augen. (Ich kann nicht klar sehen.)
- Der Schauspieler *schwimmt.* (Er ist unsicher, er kann seinen Text nicht.)

verschwimmen:
- Am Abend *verschwimmen* die Farben. (Sie werden undeutlich.)

schwinden, schwand, geschwunden:
- Die Kräfte des alten Mannes *schwinden.* (Sie nehmen ab, er wird schwächer.)
- Sein Vermögen *schwand* mehr und mehr. (Es wurde kleiner.)

entschwinden:
- Die Jugend *entschwindet* schnell. (Sie vergeht schnell; lit.)
- Der Rennfahrer *ist* den Blicken *entschwunden*. (Man sieht ihn nicht mehr.)
verschwinden:
- *Verschwinde!* (Gehe schnell weg! U.)
- Das Kind *ist* in der Menge *verschwunden*. (Plötzlich war es weg.)

schwingen, schwang, geschwungen:
- Das Pendel *schwingt* hin und her. (Es bewegt sich.)
- Der Matrose *hat* die Flaggen *geschwungen*. (Er hat Signal gegeben.)
- Die Herren *haben* beim Essen *große Reden geschwungen*. (iron.: Man hat große Reden gehalten; U.)
sich ~
- Der Reiter *schwang sich* in den Sattel. (Er bestieg das Pferd.)
aufschwingen:
sich zu et. ~
- Er kann *sich zu* keinem Entschluß *aufschwingen*. (Er kann sich nicht entschließen; U.)
erschwingen:
- Ich kann das Geld für einen Wagen nicht *erschwingen*. (Ich kann es nicht zusammenbringen.)
mitschwingen:
- Die Saite *schwingt mit*. (Sie kommt in Bewegung, sie klingt mit.)
- In seinen Worten *schwingt* ein Ton der Enttäuschung *mit*. (Man hört ihn in seinen Worten.)

schwören, schwor, geschworen:
- Er *schwört* einen Eid. (Er legt den Eid ab.)
- Der Junge *schwört* Rache. (Er will sich rächen.)
- Ich *schwöre* bei Gott! (Schwurformel.)
auf jn (et.) ~
- Der Kranke *schwört auf* seinen Arzt. (Er hat zu ihm blindes Vertrauen.)
- Ich *schwöre* auf diesen Wagen. (Ich bin von der Güte dieses Wagens überzeugt.)
sich et. ~
- Das Brautpaar *schwor sich* ewige Treue. (Sie versprachen, einander immer treu zu sein.)
abschwören:
- Er *hat* seine Schuld *abgeschworen*. (Er hat geschworen, daß er unschuldig ist.)
- Der Mann *schwört* dem Alkohol *ab*. (Er will nie mehr trinken.)
beschwören:
- Der Zeuge *beschwört* seine Aussage. (Er bekräftigt sie mit einem Eid.)

– Ich *beschwöre* meinen Freund, sich nicht mit diesem Mann zu treffen. (Ich bitte ihn sehr.)
– Der Zauberer will die Toten *beschwören*. (Er ruft sie.)

verschwören:

sich gegen jn ~
– Die Leute *haben sich gegen* den Tyrannen *verschworen*. (Sie verbünden sich gegen ihn.)
– Es *hat sich* alles *gegen* mich *verschworen*. (Mir glückt nichts.)

sehen, sah, gesehen:
– Ich *sehe* die Berge.
– Der Reisende *hat* aus dem Fenster *gesehen*.
– Der Vater *hat* das Unglück kommen *sehen*.
– Ich freue mich, Sie zu *sehen*. (Begrüßungsformel.)
– Wann *sehen* wir uns? (Wann treffen wir uns?)
– Man konnte die Hand nicht vor den Augen *sehen*. (Es war ganz dunkel; I.)
– Er *sieht* alles doppelt. (Seine Augen sind überanstrengt; oder: Er ist betrunken; I., U.),
– Ich will sie nicht mehr *sehen*. (Ich bin fertig mit ihr. Ich will nichts von ihr wissen.)
– Ich will *sehen*. (Ich will es mir überlegen; U.)
– Man kann keinem Menschen *ins Herz sehen*. (Man kann nie wissen, was er wirklich denkt; I., U.)
– Diesem Schüler muß man *auf die Finger sehen*. (Man muß ihn gut beobachten; I., U.)
– Das *sieht* ihm *ähnlich!* (So etwas erwarte ich von ihm! U.)

absehen:
– Die Folgen eines neuen Krieges wären nicht *abzusehen*. (Man kann sie sich nicht vorstellen.)
– Ein Ende des Prozesses *ist* noch nicht *abzusehen*. (Man kann noch nicht sagen, wann er zu Ende ist. Er dauert noch lange.)

von et. ~
– Der Polizist *hat von* einer Anzeige *abgesehen*. (Er hat keine Anzeige gemacht.)

es auf et. ~
– Der Hund *hat* es *auf* das Huhn *abgesehen*. (Er will es unbedingt haben.)

ansehen:
– Er *sah* mich prüfend *an*. (Er betrachtete mich prüfend.)
– Man *hat* der Dame ihr Alter nicht *angesehen*. (Man denkt, sie sei jünger.)
– Die Mutter *sieht* es dem Kind *an*, wenn es lügt.

sich et. ~
– Wir *sahen uns* München *an*. (Wir besichtigten die Stadt.)

et. mit ~
- Ich kann diese Tierquälerei nicht *mit ansehen*. (Ich kann nicht ruhig zuschauen. Ich muß etwas dagegen tun.)

aufsehen:
von et. ~
- Der Arbeiter *sieht von* seiner Arbeit *auf*. (Er hebt den Blick.)

zu jm ~
- Das Kind *sah zu* seinem Lehrer *auf*. (Es hatte Respekt vor ihm; es verehrte ihn.)

aussehen:
- Frau Müller *sieht* krank *aus*. (Vielleicht ist sie krank.)
- Die Sache *sieht* faul *aus*. (Sie erscheint nicht gut; U.)

nach et. ~
- Es *sieht nach* Regen *aus*. (Man glaubt, es wird bald regnen.)

wie et. ~
- Das Metall *sieht wie* Gold *aus*. (Man weiß nicht, ob es Gold ist.)

ausersehen:
- Man *hat* Sibylle dazu *ausersehen*, das Geschenk zu überreichen. (Man bestimmte sie dazu.)

besehen:
sich et ~
- Der Kunstkenner *besah sich* die Bilder. (Er schaute sie genau an.)

durchsehen:
- Der Lehrer *hat* die Hefte *durchgesehen*. (Er hat sie korrigiert.)
- Man kann durch das schmutzige Fenster nicht *durchsehen*. (Es ist undurchsichtig.)

einsehen:
- Der Minister *sieht* die Berichte *ein*. (Er liest in ihnen.)
- Die Terrasse kann von der Straße aus nicht *eingesehen* werden. (Man kann von der Straße nicht auf die Terrasse sehen.)
- *Hast* du deinen Fehler *eingesehen?* (Verstehst du, daß du einen Fehler gemacht hast?)

entgegensehen:
- Man *sieht* mit Spannung seinem Besuch *entgegen*. (Man erwartet ihn gespannt.)

ersehen:
et. aus et. ~
- Wir *ersehen aus* Ihrem Brief . . . (Wir entnehmen Ihrem Brief.)

hinabsehen (hinuntersehen):
auf jn (et.) ~
- Wir *sahen* vom Turm *auf* die Stadt *hinunter* (*hinab.*).
- *Sieh* nie *auf* deine Mitmenschen *hinunter!* (Glaube nicht, daß du besser bist als sie!)

nachsehen:
- Er *sah* dem abfahrenden Wagen *nach*. (Er sah hinter ihm her.)
- Der Mechaniker *sah* den Wagen *nach*. (Er überprüfte den Wagen.)
- Man *sieht* einem Kind Fehler *nach*. (Man verzeiht sie ihm.)
- *Sieh nach*, wo das Buch ist! (Suche es!)

sattsehen:
sich an et. ~
- Er kann *sich an* den Bildern nicht *sattsehen*. (Er kann nicht genug davon bekommen.)

übersehen: (trennb. u. untrennb.)
- Vom Eiffelturm aus kann man ganz Paris *übersehen*. (Man sieht die ganze Stadt.)
- Der Schaden *ist* noch nicht zu *übersehen*. (Man kann noch nicht sagen, wie groß er ist.)
- Der Schriftsetzer *hat* einen Fehler *übersehen*. (Er hat ihn nicht gefunden.)
- Ich *habe* gestern Frl. Müller auf der Straße *übersehen*. (Ich habe sie nicht gesehen und nicht gegrüßt.)

sich et. ~
- Zu modische Kleider *sieht* man *sich* schnell *über*. (Man bekommt bald genug davon.)

umsehen:
sich nach et. (jm) ~
- Er *sah sich nach* einer neuen Wohnung *um*. (Er suchte eine Wohnung.)
- *Nach* diesem hübschen Mädchen *sehen sich* alle Männer *um*. (Man sieht ihr nach.)

versehen:
et. mit et. ~
- Er *hat* seinen Posten *mit* Sorgfalt *versehen*. (Er hat seine Arbeit gut gemacht.)
- Das Schiff *ist mit* Treibstoff gut *versehen*. (Es hat genug Treibstoff.)

sich ~
- Ich habe *mich versehen*. (Ich habe mich geirrt.)

jn mit et. ~
- Mein Vater *versah* mich mit ausreichend Geld. (Er gab mir genug Geld.)

senden, sandte, gesandt (oder: sendete, gesendet):
1. senden (stark) – schicken:
- Die Firma *hat* das Paket mit der Post *gesandt*.
2. senden (schwach) – vom Rundfunk übertragen
- Der Rundfunk *hat* ein Konzert *gesendet*.

absenden:
- Wir *senden* die Ware sofort *ab*. (Wir schicken sie sofort.)

aussenden:
- Die Kirchen *sandten* viele Missionare *aus*. (Sie setzten sie für die Mission ein.)

einsenden:
- *Senden* Sie diesen Artikel der Zeitung *ein*. (Bieten sie ihn ihr zum Druck an.)

entsenden:
- Arbeiter und Ingenieure wurden zum Bau der Fabrik nach Afrika *entsandt*. (Man schickte sie dorthin.)

übersenden:
- Die Firma *übersendet* mir ihren Katalog. (Sie schickt ihn mir zu.)

versenden:
- Das Reisebüro *versandte* auf Wunsch Prospekte. (Es verschickte sie.)

singen, sang, gesungen:
- Der Schüler *singt* ein Lied.
- Die Geige *sang*. (Sie klang wunderbar.)
- Der Verbrecher *singt* (Er verrät seine Mittäter; U.)
- Die Melodie *singt* sich leicht. (Man kann sie leicht merken.)
- Der Chef *hat das Loblied* seiner Sekretärin *gesungen*. (Er lobte sie sehr; I.)

besingen:
- Das Lied *besingt* den Frühling. (Es lobt ihn; lit.)

vorsingen:
- Das kleine Mädchen *singt* der Tante ein Lied *vor*. (Es trägt das Lied vor.)

sinken, sank, gesunken:
- Das Schiff *sinkt*. (Es geht unter.)
- Der Nebel *sinkt*. (Er kommt herunter.)
- Die Preise *sind gesunken*. (Die Waren wurden billiger.)
- Sein Einfluß *ist gesunken*. (Er wurde geringer.)
- Mein Mut *sank*. (Ich wurde mutlos.)
- Er *sank* in Ohnmacht. (Er wurde ohnmächtig.)

einsinken:
- Der Mann *sinkt* in den Boden *ein*. (Der Boden trägt ihn nicht.)

versinken:
- Das Schiff *versank*. (Es ging unter.)
- Der Student *ist* in seine Arbeit *versunken*. (Er geht darin auf.)

sinnen, sann, gesonnen:
sinnen auf et.
- Er *sann auf* Rache. (Er überlegte, wie er sich rächen könnte.)

gesonnen sein
- Der Verteidiger *ist* nicht *gesonnen* nachzugeben. (Er will nicht nachgeben.)
- Er *ist* mir freundlich *gesonnen* (auch: *gesinnt*). (Er hat eine gute Meinung von mir.)

besinnen:
sich ∼
- *Besinne dich!* (Sei vernünftig! oder: Denke nach! Erinnere dich!)
sich auf jn (et.) ∼

– Ich kann *mich* nicht *auf* seinen Namen *besinnen*. (Ich kann mich nicht
  daran erinnern.)
ersinnen:
  – Der Junge *ersann* eine Lüge. (Er dachte sie sich aus.)
entsinnen:
  sich js ~
  – Er *entsann sich* des Tages genau. (Er erinnerte sich genau; lit.)
nachsinnen:
  über et. ~
  – Das Mädchen *sann* über das Erlebnis *nach*. (Es dachte darüber nach.)

sitzen, saß, gesessen:
  – *Sitzen* Sie bequem?
  – Der alte Mann *hat* in der Sonne *gesessen*. (Er sonnte sich.)
  – Der Vogel *sitzt* auf dem Ast.
  – Das Huhn *saß* auf den Eiern. (Es brütete sie aus.)
  – Das Kleid *sitzt* nicht. (Es paßt nicht.)
  – Er *sitzt*. (Er ist im Gefängnis; U.)
~ auf et.
  – Der Reiche *sitzt auf seinem Geld*. (Er gibt nichts her. Er ist geizig; U.)
  – Der Kaufmann *saß auf dem Trockenen*. (Er hatte Geldschwierigkeiten; I.)
absitzen:
  – Der Verbrecher *hat* seine Strafe *abgesessen*. (Er verbüßte sie; U.)
aufsitzen:
  – Der Reiter *saß auf*. (Er stieg auf das Pferd.)
  – Ich *bin* dem Burschen *aufgesessen*. (Er hat mich betrügen können; U.)
besitzen:
  – Herr Müller *besitzt* ein schönes Haus. (Es gehört ihm.)
  – Der Prokurist *besitzt* mein Vertrauen. (Er hat es.)
dasitzen:
  – Der Ausländer *saß* ohne Geld *da*. (Er hatte kein Geld. Die Lage war
  schwierig; U.)
festsitzen:
  – Der Wagen *saß* im Sand *fest*. (Er konnte nicht weiter fahren.)
  – Der Techniker *sitzt* mit seiner Arbeit *fest*. (Er kommt nicht weiter.)
nachsitzen:
  – Karl muß eine Stunde *nachsitzen*. (Er muß als Strafe eine Stunde länger in der Schule bleiben.)
versitzen:
  – Bei der langen Autofahrt *habe* ich mir mein Kleid *versessen*. (Ich habe es
  zerdrückt.)

spalten, spaltete, gespalten:
  – Der Knecht *hat* das Holz *gespalten*. (Er zerkleinerte es.)

sich ~
- Die Partei *hat sich gespalten.* (Sie trennte sich in zwei Gruppen.)
aufspalten:
sich in et. ~
- Das Volk *hat sich in* viele kleine Parteien *aufgespalten.* (Es ist in viele Parteien getrennt.)

speien, spie, gespien:
- Der Vulkan *speit* Feuer. (Feuer kommt aus ihm heraus.)
- Der Betrogene *spie Gift und Galle.* (Er war sehr wütend; I.)

spinnen, spann, gesponnen:
- Früher *spann* man die Wolle selbst. (Man drehte sie zu einem Faden.)
- Die Spinne *spann* ein Netz. (Sie machte es.)
- Du *spinnst!* (Du redest Unsinn! Du bist verrückt! U.)
verspinnen:
- Die Fabrik *verspinnt* Baumwolle. (Sie verarbeitet sie.)
sich in et. ~
- Der Gelehrte *hat sich* ganz *in* seine Ideen *versponnen.* (Er denkt nur daran. Er lebt in einer anderen Welt.)

sprechen, sprach, gesprochen:
- Der Kleine *spricht* die ersten Worte.
- Dieser Ausländer *spricht* fließend Deutsch.
- Der Priester *spricht* ein Gebet. (Er sagt es feierlich.)
- Du *hast* ein wahres Wort *gesprochen.* (Du hast etwas sehr Richtiges gesagt; I.)
- Du *sprichst mir aus dem Herzen.* (Du sagst, was auch ich denke; I.)
für (gegen) jn ~
- Die Beweise *sprechen für* (gegen) die Unschuld des Angeklagten. (Sie deuten auf seine Unschuld (Schuld) hin.)
über et. (jn) ~
- Er *sprach über* seine Pläne. (Er berichtete darüber.)
zu jm ~
- Ich *spreche zu* dir! (Ich meine dich.)
absprechen:
- Die Geschäftsleute *sprechen* die Vertragsbedingungen *ab.* (Sie machen sie aus.)
- Ich *spreche* ihm das Recht *ab,* mich zu kritisieren. (Ich gebe ihm das Recht nicht.)
- Die Kritik *sprach* dem Buch jeden Wert *ab.* (Sie sagte, es sei wertlos.)
ansprechen:
- Der Herr *hat* die Dame *angesprochen.* (Er hat mit ihr ein Gespräch begonnen.)
- Das Haus *spricht an.* (Es macht einen guten Eindruck.)

- Die Musik *spricht* mich *an.* (Sie wirkt auf mich.)
- Er *sprach* mich um Geld *an.* (Er wollte Geld von mir haben.)

aussprechen:
- Russisch *ist* schwer *auszusprechen.*
- Das Kind *sprach* seinen Glückwunsch *aus.* (Es sagte ihn.)

sich ~
- Nach dem Streit *haben* wir *uns ausgesprochen.* (Wir haben unsere Meinungsverschiedenheit beseitigt.)
- Lassen Sie *mich aussprechen!* (Unterbrechen Sie mich nicht!)

besprechen:
- Wir *besprechen* die Sache noch! (Wir reden noch genau darüber.)
- Die Zeitung *hat* den Film gut *besprochen.* (Die Kritik war gut.)
- Der Schauspieler *bespricht* eine Platte. (Seine Stimme wird auf eine Platte aufgenommen.)
- Der Wunderdoktor *bespricht* die Krankheit. (Er hat Zaubersprüche, die die Krankheit heilen sollen.)

durchsprechen:
- Die Schüler *haben* mit dem Lehrer das Drama *durchgesprochen.* (Sie haben zusammen genau darüber gesprochen.)

entsprechen:
- Das Hotel *entspricht* meinen Erwartungen. (Es ist so, wie ich gedacht habe.)

freisprechen:
- Das Gericht *hat* den Angeklagten *freigesprochen.* (Man erkannte seine Schuldlosigkeit an.)

mitsprechen:
- In dieser Sache *habe* ich auch noch ein Wort *mitzusprechen.* (Ich habe hier auch etwas zu sagen. Ich muß gehört werden.)

nachsprechen:
- Der Schüler *spricht* den Satz *nach.* (Er wiederholt ihn.)
- Er *spricht* alles *nach.* (Er hat keine eigene Meinung.)

versprechen:
- Die Tochter *verspricht* der Mutter, nicht so spät nach Haus zu kommen. (Sie sagt, sie wird bestimmt bald kommen.)
- Das Wetter *verspricht* gut zu werden. (Wir können mit gutem Wetter rechnen.)
- Er *verspricht das Blaue vom Himmel herunter.* (Er verspricht mehr, als er halten kann; I., U.)

sich ~
- Er *hat sich versprochen.* (Er sagte aus Versehen ein falsches Wort.)

vorsprechen:
- Der Lehrer *sprach* den Schülern das Gedicht *vor.* (Er zeigte ihnen, wie es gesprochen werden muß.)
- Der Vertreter dieser Firma *spricht* bei uns von Zeit zu Zeit *vor.* (Er

macht uns einen geschäftlichen Besuch, um sich in Erinnerung zu
bringen.)
– Unsere Kinder *sind* miteinander *versprochen.* (Sie sind verlobt.)
widersprechen:
– Der Sohn *widerspricht* dem Vater. (Er hat eine andere Meinung und
sagt sie.)
sich ~
– Die Nachrichten *widersprechen sich.* (Sie stimmen nicht überein.)
zusprechen:
– Ich *spreche* ihm Mut *zu.* (Ich ermutige ihn.)
– Das Haus ist ihm *zugesprochen* worden. (Er hat es erhalten; er hat es geerbt.)

sprießen, sproß, gesprossen:
– Nach dem Regen *sprießen* die Blumen und Pflanzen. (Sie wachsen schnell.)

springen, sprang, gesprungen:
– Jenaer Glas *springt* nicht. (Hitze zerstört es nicht.)
– Der Junge *sprang* aus dem Bett. (Er verließ es schnell.)
– Der Fremde *ließ viel Geld springen.* (Er gab viel aus; U.)
abspringen:
– Es ist verboten, während der Fahrt *abzuspringen.* (Man darf nicht aus
der fahrenden Straßenbahn springen.)
– Der Käufer *ist abgesprungen.* (Er trat von dem Kauf zurück.)
– Was *springt* bei dem Geschäft *ab?* (Was kann man dabei verdienen?)
anspringen:
– Der Motor *springt* nicht *an.* (Er kommt nicht in Gang.)
– Der scharfe Hofhund *sprang* den Dieb *an.* (Er fiel ihn an und versuchte
ihn zu beißen.)
aufspringen:
– Die Tür *springt auf.* (Sie öffnet sich von selbst.)
– Die Kinder *sprangen auf.* (Sie standen schnell auf.)
– Meine Hände *sind aufgesprungen.* (Die Haut ist rauh und rissig geworden.)
beispringen:
– Ein Bekannter *sprang* mir in meiner Not *bei.* (Er half mir.)
einspringen:
für jn ~
– Ein Kollege *sprang für* den erkrankten Fahrer *ein.* (Er vertrat ihn. Er
machte die Arbeit für ihn.)
entspringen:
– Der Rhein *entspringt* in den Alpen. (Seine Quelle ist dort.)
– Der Verbrecher *ist* aus dem Zuchthaus *entsprungen.* (Er ist geflohen.)
– Seine schlechte Laune *entspringt* seinem täglichen Ärger. (Der Ärger
ist der Grund für die schlechte Laune.)

herausspringen:
  bei et. ~
    – Was *springt dabei heraus*? (Welchen Vorteil hat man davon? U.)
überspringen: (trennb. u. untrennb.)
    – Das Reh *übersprang* einen breiten Graben. (Es sprang darüber.)
    – Der kluge Schüler *hat* eine Klasse *übersprungen*. (Er brauchte eine
      Klasse nicht zu besuchen.)
    – Ich *überspringe* beim Lesen die langweiligen Beschreibungen. (Ich lese
      sie nicht.)
    – Das Feuer *sprang* auf das Nachbarhaus *über*. (Auch dieses Haus brannte.)
umspringen: (trennb. u. untrennb.)
    – Der Wind *springt um*. (Er ändert seine Richtung.)
    – Mein Dackel *hat* mich während des Spaziergangs *umsprungen*. (Er
      sprang um mich herum.)
  mit jm ~
    – Der Direktor *ist mit* seinen Angestellten rücksichtslos *umgesprungen*.
      (Er behandelte sie schlecht.)
vorspringen:
    – Der Erker des Hauses *springt vor*. (Er steht vor.)
zerspringen:
    – Das Glas *zerspringt*. (Es zerbricht.)
  vor et. ~
    – Mir *zerspringt* der Kopf *vor* Kopfschmerzen. (Er tut sehr weh.)
    – Ich könnte *vor* Ärger *zerspringen*! (Ich bin sehr wütend; U.)

stechen, stach, gestochen:
    – Mich *hat* eine Biene *gestochen*. (Ihr Stachel sitzt in meiner Hand.)
    – Die Sonne *sticht*. (Sie brennt sehr heiß.)
    – Der Dampfer *sticht in See*. (Er verläßt den Hafen.)
    – Dich *sticht der Hafer*! (Du bist zu übermütig; U.)
abstechen:
  von et. (jm) ~
    – Das Bild *sticht von* den anderen *ab*. (Es unterscheidet sich sehr.)
aufstechen:
    – Der Arzt *sticht* die Brandblase *auf*. (Er öffnet sie mit einer Nadel.)
anstechen:
    – Der Wirt *sticht* ein Faß Bier *an*. (Er zapft es an; er beginnt ein neues
      Faß.)
ausstechen:
    – Im Mittelalter *stach* man einem Verbrecher die Augen *aus*. (Man
      machte ihn blind.)
    – Der ehrgeizige Angestellte versuchte seinen Kollegen *auszustechen*. (Er
      wollte ihn übertreffen und verdrängen.)

– Das Mädchen *stach* seine Freundin durch ihre Schönheit *aus*. (Sie stellte die Freundin in den Schatten.)

bestechen:

– Der Zeuge wurde von dem Angeklagten mit einer hohen Geldsumme *bestochen*. (Er wurde gekauft.)
– Die Frau *besticht* durch ihre Schönheit. (Sie macht Eindruck.)
– Der Gedanke *hat* mich *bestochen*. (Er hat mich verlockt.)

erstechen:

– Der Tote war *erstochen* worden. (Er war mit einem Messer getötet worden.)

stehen, stand, gestanden:

– Ich mußte *stehen*, weil kein Stuhl frei war.
– Die Sterne *stehen* am Himmel. (Sie befinden sich dort.)
– *Steh* nicht im Wege! (Geh fort! oder: Störe mich nicht!)
– Er *steht* auf dem Kopf. (Er macht einen Kopfstand.)
– Die Uhr *steht*. (Sie geht nicht.)
– Es *stand* in der Zeitung. (Man konnte es dort lesen.)
– Die Saat *steht* gut. (Sie ist gut aufgegangen.)
– Das Kleid *hat* der Dame gut *gestanden*. (Es kleidete sie.)
– Horst *steht zu* seinem Wort. (Er hält sein Versprechen.)
– Wir *haben Schlange gestanden*. (Wir warteten in einer Reihe hintereinander.)
– Die Fabrik *steht in Flammen*. (Die ganze Fabrik brennt.)
– Er *stand in dem Verdacht*, der Dieb zu sein. (Man hatte einen Verdacht gegen ihn.)
– Ich *stehe* mit einem Engländer *in Briefwechsel*. (Wir schreiben uns.)
– Ich tue, was *in meinen Kräften steht*. (Ich tue alles, was ich kann.)
– Er *steht in dem Rang* eines Generals. (Er hat den Rang.)
– Ich *stehe* dir *zur Verfügung*. (Ich habe Zeit für dich. Ich bin bereit, dir zu helfen.)
– Mein Freund *steht* mir treu *zur Seite*. (Er hilft mir; er hält zu mir; I.)
– Mir *stehen die Haare zu Berge*! (Ich bin entsetzt; U.)
– Der junge Mann *steht* schon *auf eigenen Füßen*. (Er verdient sich selbst, was er braucht; I.)
– Auf Trunkenheit am Steuer *steht* Gefängnis. (Dafür kommt man ins Gefängnis.)
– Er *steht unter dem Pantoffel*. (Er hat nichts zu sagen. Seine Frau regiert. I., U.)

sich ~

– Meine Schwester *steht sich* gut. (Sie hat ein gutes Einkommen.)

sich mit jm ~

– *Mit* meinen Nachbarn *stehe* ich *mich* gut. (Wir verstehen uns gut. Wir haben keinen Streit.)

abstehen:
- Seine Ohren *stehen ab*. (Sie sind nicht dicht am Kopf.)

anstehen:
- Es *steht* dem Sohn nicht *an*, den Vater zu kritisieren. (Er hat kein Recht dazu; lit.)
- Laß die Arbeit nicht *anstehen!* (Mache sie gleich! Lasse sie nicht liegen!)

nach et. ~
- Die Leute *stehen nach* Theaterkarten *an*. (Sie bilden eine lange Reihe vor der Kasse.)

aufstehen:
- *Steht auf!* (Erhebt euch!)
- Heute *bin* ich früh *aufgestanden*. (Ich habe das Bett früh verlassen.)

gegen jn ~
- Das Volk *stand gegen* den Diktator *auf*. (Es machte Revolution gegen ihn.)

ausstehen:
- Die Antwort *auf* unser Angebot *steht* noch *aus*. (Es ist noch nicht beantwortet worden.)
- Der Kranke *stand* unerträgliche Schmerzen *aus*. (Er litt an starken Schmerzen.)
- Ich kann diesen Menschen nicht *ausstehen*. (Ich mag ihn gar nicht. Er ist mir unangenehm.)

beistehen:
- Meine Freunde *haben* mir *beigestanden*. (Sie halfen mir.)

bestehen:
- Die Firma *besteht* seit 50 Jahren. (Es gibt sie seit dieser Zeit.)
- *Besteht* an dieser Universität die Möglichkeit, Pharmazie zu studieren? (Gibt es diese Möglichkeit?)

auf et. ~
- Ich *bestehe darauf*, den Direktor selbst zu sprechen. (Ich will es unbedingt. Ich verlange es.)
- Er *besteht auf* seinem Kopf. (Er ist eigensinnig. I.)

aus et. ~
- Die Wohnung *besteht aus* drei Zimmern. (Sie hat drei Zimmer.)
- Die Säulen *bestehen aus* Marmor. (Sie sind aus Marmor.)

in et. ~
- Das Problem *besteht darin*, daß es nicht genügend Studienplätze für alle Studenten gibt. (Das Problem ist . . .)

bevorstehen:
- Unsere Abreise *steht bevor*. (Wir werden bald abfahren.)

durchstehen:
- Jetzt *haben* wir die Prüfung bald *durchgestanden!* (Jetzt haben wir bald zu Ende gelitten.)

einstehen:
  für jn (et.) ~
- Ich *stehe für* den Schaden *ein*. (Ich bezahle ihn.)
- Mein Freund *ist für* mich *eingestanden*. (Er garantierte für mich.)

eingestehen:
- Er *hat* seine Schuld *eingestanden*. (Er hat gesagt, daß er schuldig sei.)

entstehen:
- Hier *entsteht* eine neue Siedlung. (Hier wird sie gebaut.)
- Im Saal *ist* Unruhe *entstanden*. (Die Zuhörer sind unruhig geworden.)

erstehen:
- Er *hat* zwei Paar neue Schuhe *erstanden*. (Er hat sie gekauft.)

feststehen:
- Es *steht fest*, daß ich nach Hamburg fahre. (Es ist ganz sicher.)

geradestehen:
  für jn (etc.) ~
- Ich *stehe für* meinen Freund *gerade*. (Ich bürge für ihn.)
- Für die rechtzeitige Lieferung *stehe* ich *gerade*. (Ich garantiere dafür.)

gestehen:
- Er *gesteht*, daß er einen Fehler gemacht hat. (Er gibt den Fehler zu.)

nachstehen:
- Die Schwester *steht* dem Bruder in ihren Leistungen nicht *nach*. (Sie arbeitet so gut wie er.)

nahestehen:
- Diese Familie *steht* uns *nahe*. (Wir sind befreundet.)

überstehen: (trennb. u. untrennb.)
- Das Dach *steht über*. (Es ragt vor. Man kann sich darunter stellen.)
- Er *hat* die Krankheit *überstanden*. (Er ist nicht gestorben. Die Krankheit ist vorbeigegangen.)

umstehen:
- Die Menschen *umstanden* den Verunglückten. (Sie standen um ihn herum.)

unterstehen:
- Dieses Amt *untersteht* dem Finanzminister. (Er ist dafür zuständig und verantwortlich.)
  sich et. ~
- Was *unterstehen* Sie *sich!* (Was erlauben Sie sich!)

verstehen:
- Ich kann Sie nicht *verstehen*. (Sie sprechen zu leise; oder: Ich spreche diese Sprache nicht.)
- Ich *verstehe* seine Ideen. (Ich begreife sie.)
- Der Tischler *versteht* seine Arbeit. (Er arbeitet gut.)
  sich ~
- Die Geschwister *verstanden sich* gut. (Sie stritten sich nicht.)

– Die Preise *verstehen sich* ab Fabrik. (Sie werden ab Fabrik berechnet. Transport ist nicht dabei.)

sich auf et. ~
– Er *versteht sich darauf*, gute Geschäfte zu machen. (Er hat dafür Talent.)

vorstehen:
– Seine Zähne *stehen vor*. (Sie sind nach vorn gewachsen.)
– Die Frau *steht* dem Haushalt *vor*. (Sie führt ihn.)

widerstehen:
– Er *widerstand* allen Versuchungen. (Er blieb stark.)
– Ich konnte nicht *widerstehen* und kaufte das Kleid. (Der Wunsch war zu stark.)
– Wirsingkohl *widersteht* mir. (Ich esse ihn nicht gern.)

zustehen:
– Der Gewinn *steht* mir *zu*. (Ich habe ein Recht darauf.)
– Eine Kritik *steht* Ihnen nicht *zu*! (Sie haben kein Recht zu kritisieren.)

stehlen, stahl, gestohlen:
– Das Mädchen *hat* den Ring *gestohlen*. (Es ist eine Diebin.)
– Der Junge *stiehlt* wie eine Elster. (Er stiehlt alles; I.)
– Mit seinem langweiligen Gerede *stiehlt* er allen *die Zeit*. (Er nimmt sie ihnen; U.)

bestehlen:
– Das Mädchen *bestahl* seine Freundin. (Es stahl ihr etwas.)

davonstehlen:
sich ~
– Ich *habe mich davongestohlen*. (Ich bin unbemerkt gegangen.)

steigen, stieg, gestiegen:
– Das Flugzeug *steigt*. (Es hebt sich in die Luft.)
– Die Preise *sind gestiegen*. (Sie wurden höher.)
– Das Barometer *steigt*. (Der Luftdruck nimmt zu. Das Wetter wird gut.)
– Die Jungen lassen im Herbst Drachen *steigen*. (Sie lassen sie fliegen.)
– Der Maler *steigt* auf die Leiter. (Er klettert hinauf.)
– Der Schüler *steigt in das Examen*. (Er beginnt eine Prüfung; U.)
– Der Alkohol *steigt* mir *zu Kopf*. (Ich spüre den Alkohol; I.)

absteigen:
– Der Bote *steigt* vom Fahrrad *ab*. (Er springt ab.)
– Ich *bin* im Hotel „Rom" *abgestiegen*. (Ich habe dort ein Zimmer genommen.)

ansteigen:
– Der Weg *stieg* langsam *an*. (Er führte langsam in die Höhe.)

aufsteigen:
– Der Nebel *steigt auf*. (Er hebt sich.)

- Aus dem Kessel *stiegen* Dämpfe *auf*. (Sie erhoben sich.)
- Der Verdacht *ist* in mir *aufgestiegen*, daß er mich getäuscht hat. (Der Verdacht kam mir.)

zu et. ~
- Dr. Müller *ist zum* Regierungsrat *aufgestiegen*. (Er machte Karriere; er wurde befördert.)

aussteigen:
- Alles *aussteigen!* Endstation! (So ruft der Schaffner, und die Reisenden verlassen den Zug.)
- Ich bin *aus* dem Geschäft *ausgestiegen*. (Ich habe mich zurückgezogen. Ich mache nicht mehr mit; U.)

besteigen:
- Die Urlauber *besteigen* die Berge. (Sie klettern hinauf.)
- Der Thronfolger *hat* den Thron *bestiegen*. (Er ist König geworden.)

einsteigen:
- Der Einbrecher *ist* durch das Fenster *eingestiegen*. (Er kam durch das Fenster ins Haus.)

in et. ~
- Ich *stieg in* die Straßenbahn *ein*. (Ich ging hinein.)
- Mein Schwager *ist in* das Geschäft *eingestiegen*. (Er beteiligte sich daran; U.)

emporsteigen:
- Der Rauch *steigt empor*. (Er steigt gerade hinauf in die Luft.)
- Der Maler *ist* zu höchstem Ruhm *emporgestiegen*. (Er erwarb Ruhm; er wurde berühmt; lit.)

übersteigen:
- Der Erfolg *hat* meine Erwartungen *überstiegen*. (Er war größer als ich erwartete.)
- Die Arbeit *übersteigt* meine Kräfte. (Sie ist zu schwer.)

versteigen:
sich ~
- Die Wanderer *haben sich verstiegen*. (Sie verirrten sich beim Klettern.)
- *Versteige dich* nicht in deinen Wünschen! (Erwarte nicht zuviel!)

zusteigen:
- Der Schaffner fragt: „Wer *ist zugestiegen?*" (Wer ist noch eingestiegen?)

sterben, starb, gestorben:
- Goethe *ist* 1832 *gestorben*.

an et. ~
- Früher *starben* viele Menschen *an* der Pest. (Die Krankheit war der Grund.)

durch et. ~
- Der junge Mann *starb durch* Gift. (Er wurde vergiftet.)
vor et. ~
- Das Kind *stirbt vor* Neugier. (Es ist sehr neugierig; U.)
- Während des Vortrags *bin* ich *vor* Langeweile fast *gestorben.* (Ich langweilte mich sehr.)
absterben:
- Dieser Ast *ist abgestorben.* (Er ist tot.)
- Mir *sterben* die Finger *ab.* (Sie werden blutleer und gefühllos.)
aussterben:
- Diese Familie *stirbt aus.* (Es gibt keine männlichen Nachkommen.)
- Viele Tiere sind längst *ausgestorben.* (Es gibt sie nicht mehr.)
ersterben:
- Der Lärm im Hafen *erstarb.* (Es wurde still.)
- Sie *ist* vor Ehrfurcht fast *erstorben.* (Sie sah zu jm ehrfürchtig empor.)
versterben:
- Der Inhaber dieser Firma *ist* im vorigen Jahr *verstorben.* (Er starb.)

stieben, stob, gestoben:
- Am Schmiedefeuer *stoben* die Funken. (Sie sprangen nach allen Seiten.)
auseinanderstieben:
- Als die Polizei kam, *sind* die Menschen *auseinandergestoben.* (Sie entfernten sich schnell nach allen Seiten.)

stinken, stank, gestunken:
- Hier *stinkt* es. (Hier riecht es schlecht.)
- Seine Verbrechen *haben gen Himmel gestunken.* (Sie waren empörend; I.)
nach et. ~
- Hier *stinkt es nach* Fisch. (Es riecht unangenehm nach Fisch.)
- Er *stinkt nach Geld.* (Er hat sehr viel Geld; U.)

stoßen, stieß, gestoßen:
- Die Arbeiter *stoßen* Pfähle in die Erde. (Sie rammen sie ein.)
- Der Boxer *hat* dem Gegner die Faust in den Magen *gestoßen.* (Er traf ihn hart.)
- Die Mutter *hat* Zimt *gestoßen.* (Sie hat ihn zerkleinert.)
- Du *hast* den Mann *vor den Kopf gestoßen.* (Du hast ihn gekränkt; I.)
- Dein Hotelzimmer *stößt* an meines. (Beide liegen nebeneinander.)
sich an et. ~
- Vera *stieß sich an* der Unhöflichkeit dieses Menschen. (Sie ärgerte sich darüber.)
auf et. ~
- Die Expedition *ist auf* Schwierigkeiten *gestoßen.* (Schwierigkeiten sind entstanden.)
- Beim Bohren *ist* man *auf* Öl *gestoßen.* (Man hat Öl gefunden.)

abstoßen:
- Der Bootsverleiher *stößt* unser Boot *ab*. (Er gibt dem Boot einen Stoß).
- Seine barsche Art *hat* mich *abgestoßen*. (Sie verletzte mich, sie war mir unangenehm.)
- *Stoßen* Sie die Aktien *ab*! (Verkaufen Sie sie!)

anstoßen:
- Mein Zimmer *stößt* an die Küche *an*. (Es liegt gleich neben der Küche.)
- Ich *bin* an der Tischkante *angestoßen*. (Ich tat mir weh.)
- Meine Frau *hat* mich unter dem Tisch mit dem Fuß *angestoßen*, um mich auf etwas aufmerksam zu machen.
- Ich möchte nicht *anstoßen*! (Ich möchte nicht unangenehm auffallen; I.)
- Der Junge *stößt mit* der Zunge *an*. (Er hat einen Sprachfehler. Er lispelt.)

auf et. ∼
- Wir wollen *auf* deine Gesundheit *anstoßen*. (Wir trinken auf deine Gesundheit.)

ausstoßen:
- Der Fußballspieler wurde aus seinem Verein *ausgestoßen*. (Man warf ihn hinaus.)
- Die Frau *hat* einen Schrei *ausgestoßen*. (Sie schrie laut.)

durchstoßen: (trennb. u. untrennb.)
- Der Feind *durchstieß* die Front. (Er durchbrach sie.)
- Der Maurer *stößt* die Zimmerdecke *durch*. (Er durchbricht sie.)

einstoßen:
- Wir mußten die Tür *einstoßen*. (Wir öffneten die Tür mit Gewalt.)

verstoßen:
- Der Vater *hat* seinen Sohn *verstoßen*. (Er jagte ihn aus dem Haus.)

gegen et. ∼
- Der Fahrer *verstieß gegen* die Verkehrsbestimmungen. (Er handelte gegen das Gesetz.)

vorstoßen:
in et. ∼
- Die Expedition *stieß in* unbekannte Gebiete *vor*. (Sie kam als erste dorthin; sie drang dort ein.)

zurückstoßen:
- Mein Freund *stieß* die Hand der Versöhnung *zurück*. (Er lehnte eine Versöhnung ab.)

zusammenstoßen:
mit jm ∼
- An der Ecke *stieß* ein Auto *mit* einer Straßenbahn *zusammen*. (Es gab einen Unfall.)
- Heute *bin* ich *mit* meinem Chef *zusammengestoßen*. (Ich hatte Streit mit ihm.)

zustoßen:
- Der Junge *stieß* die Tür *zu*. (Er schloß sie mit dem Fuß.)
- Ihm *ist* ein Unglück *zugestoßen*. (Ihm ist ein Unglück geschehen.)

streichen, strich, gestrichen:
- Der Maler *streicht* die Tür. (Er bedeckt sie mit Farbe.)
- Die Mutter *streicht* Butter auf das Brot. (Sie macht ein Butterbrot.)
- Das Mädchen *streicht* die Haare aus dem Gesicht. (Es schiebt sie zurück.)
- *Streichen* Sie diesen Posten! (Nehmen Sie ihn von der Rechnung!)
- Das Schiff *hat* die Segel *gestrichen*. (Es hat sie eingezogen.)
- Er *strich* die *Segel*. (Er gab sich geschlagen; I.)
- Er *ist* durch das Land *gestrichen*. (Er wanderte ziellos.)

abstreichen:
- Der Raucher *streicht* die Asche *ab*. (Er wirft sie in den Aschenbecher.)
- Von seinen Erzählungen *streiche* ich immer die Hälfte *ab*. (Ich glaube nur die Hälfte.)

anstreichen:
- Zu Pfingsten *streichen* die Bauern ihre Häuser neu *an*. (Sie geben ihnen eine neue Farbe.)
- *Streiche* bitte den wichtigsten Artikel *an*! (Kennzeichne ihn! Mache einen Strich an den Rand!)
- Der Herr *streicht* ein Streichholz *an*. (Er zündet es an.)

ausstreichen:
- *Streiche* das falsche Wort *aus*! (Mache es ungültig!)

bestreichen:
- Der Kunstmaler *bestreicht* die Leinwand mit der Grundfarbe. (Er bedeckt sie damit.)
- *Bestreiche* das Brot bitte mit Leberwurst! (Schmiere Wurst darauf!)

durchstreichen:
- Die Lehrerin *hat* die schlechte Arbeit des Schülers *durchgestrichen*. (Sie machte einen Strich durch die Arbeit.)

einstreichen:
- Der Kellner *strich* das Trinkgeld *ein*. (Er steckte es ein; U.)

herausstreichen:
- Der Verfasser *strich* ganze Teile aus dem Manuskript *heraus*. (Er kürzte es.)
- Der Vater *hat* seinen Sohn *herausgestrichen*. (Er lobte ihn zu sehr; I.)

unterstreichen:
- *Unterstreichen* Sie die starken Verben in diesen Sätzen! (Machen Sie einen Strich darunter! Kennzeichnen Sie sie!)
- Der Redner *unterstrich* seine Behauptungen durch lebhafte Gesten. (Er betonte sie mit Handbewegungen.)

verstreichen:
- Man muß die Farbe gut *verstreichen*. (Gleichmäßig verteilen.)
- Die Zeit *verstreicht* schnell. (Sie vergeht schnell.)

zusammenstreichen:
- *Streichen* Sie den Aufsatz *zusammen!* (Kürzen Sie ihn!)

streiten, stritt, gestritten:
- Die Geschwister *stritten* den ganzen Tag. (Sie waren immer verschiedener Meinung.)

sich mit jm ~
- Sie *stritten sich mit* der Gegenpartei. (Sie diskutierten heftig.)

sich um et. ~
- Die Verwandten *stritten sich um* das Erbe. (Sie kämpften darum.)

sich über et. ~
- *Darüber* läßt *sich streiten.* (Man kann verschiedene Meinungen haben.)

abstreiten:
- Der Autofahrer *streitet* seine Schuld *ab.* (Er leugnet sie.)

bestreiten:
- Er *bestreitet*, mich gesehen zu haben. (Er will mich nicht gesehen haben.)
- Der Student *hat* sein Studium durch Nachhilfestunden *bestritten.* (Er hat es so finanziert.)

tragen, trug, getragen:
- Der Apfelbaum *trägt* gut. (Er bringt viel Obst.)
- Die Mutter *trägt* das Baby auf dem Arm. (Sie hat es im Arm.)
- Die vielen kleinen Pakete *tragen* sich schlecht. (Man kann sie schlecht transportieren.)
- *Tragen* Sie die Kiste in den Keller! (Bringen Sie sie dorthin!)
- Der Verletzte *trägt* den Arm in der Binde. (Er hat ihn in der Binde.)
- Die Frau *trägt* ein Kind unter dem Herzen. (Sie erwartet ein Kind.)
- Er *trägt* seine Krankheit mit *Fassung.* (Er klagt nicht.)
- Meine geschwollenen Füße *tragen* mich kaum noch. (Ich kann kaum mehr laufen.)
- Die Dame *trug* einen blauen Mantel, einen weißen Hut und weiße Schuhe. (Sie hatte Mantel und Schuhe an und den Hut auf.)
- Der Professor *trägt* eine Brille. (Er hat sie auf.)
- Meine Tante *trägt Trauer.* (Sie hat schwarze Kleider an, um einen Toten zu betrauern.)
- Ich *trage Bedenken*, das Geschäft abzuschließen. (Ich zögere.)
- Der Chef der Firma *trägt die Verantwortung* für seine Angestellten. (Er ist verantwortlich.)
- Ruth *trägt die Nase hoch.* (Sie ist hochmütig; U.)

sich ~
- Das neue Kostüm *trägt sich* gut. (Es ist aus einem guten Stoff und hält gut.)
- Die Schule *trägt sich* selbst. (Sie braucht keine Geldhilfe.)

sich mit et. ~
- Ich *trage mich mit* der Absicht, ein Haus zu bauen. (Ich will ein Haus bauen.)

an et. ~
- Er *trägt* schwer *an* seiner Schuld. (Sie bedrückt ihn.)

abtragen:
- Der Kellner *trägt ab.* (Er nimmt das Geschirr vom Tisch.)
- Die Arbeiter *tragen* den Hügel *ab.* (Sie entfernen ihn. Sie ebnen ihn ein.)
- Ilse muß die Kleider ihrer älteren Schwester *abtragen.* (Sie muß sie tragen, bis sie kaputt sind.)
- Er *hat* seine Schulden noch nicht *abgetragen.* (Er hat sie noch nicht ganz bezahlt.)

antragen:
- Er *trug* mir seine Hilfe *an.* (Er bot sie mir an.)

auftragen:
- Der Ober *trägt* die Speisen *auf.* (Er serviert sie.)
- Das Mädchen *hat* die Schminke zu stark *aufgetragen.* (Es hat sich zu stark geschminkt.)
- Du *trägst* aber stark *auf!* (Du übertreibst; U.)
- Ich will den Mantel *auftragen.* (Ich will ihn möglichst lange tragen.)

austragen:
- Der Schüler *trägt* die Zeitungen *aus.* (Er bringt sie in die Häuser.)
- Die Gegner *tragen* einen Kampf *aus.* (Sie führen ihn bis zur Entscheidung.)

beitragen:
zu et. ~
- Der Dolmetscher *trägt* zur Verständigung *bei.* (Er hilft dabei.)
- Mein Freund *hat* zur Unterhaltung *beigetragen.* (Er ist lebhaft und hat Interessantes erzählt.)

betragen:
- Seine Schulden *betragen* 150.— Mark. (Die Summe ist 150,— Mark.)
sich ~
- Der Mann *hat sich* schlecht *betragen.* (Er war unhöflich und machte gesellschaftliche Fehler.)

eintragen:
- Ich *trage* meine Ausgaben in ein Heft *ein.* (Ich schreibe sie auf.)
- Diese Tat *trug* ihm Dank *ein.* (Sie brachte ihm Dank.)
- Dieses Geschäft *hat* mir nichts *eingetragen.* (Ich habe daran nichts verdient.)
sich ~
- Der Präsident *hat sich* in das Goldene Buch der Stadt *eingetragen.* (Er hat seinen Namen hineingeschrieben.)

ertragen:
- Der Kranke *hat* viel Schmerzen *ertragen*. (Er hat viel gelitten.)
- Ich kann Unpünktlichkeit nicht *ertragen*! (Ich finde sie schrecklich.)

nachtragen:
- Ich *trug* dem Kunden sein Geld *nach*. (Er hatte es vergessen.)
- Man *hat* ihm seine Schwindeleien lange *nachgetragen*. (Man hat sie ihm lange nicht verziehen.)

übertragen:
- *Übertragen* Sie das Stenogramm! (Schreiben Sie es mit der Maschine ab!)
- Der Übersetzer *überträgt* den englischen Text ins Deutsche. (Er übersetzt ihn.)
- Der Rundfunk *hat* die Rede *übertragen*. (Sie wurde gesendet.)
- Dem Beamten *wurde* das Amt *übertragen*. (Er bekam es.)

sich auf jn ~
- Die Krankheit *übertrug sich auf* die ganze Besatzung des Schiffes. (Alle bekamen sie. Sie wurden angesteckt.)

vertragen:
- Der Lungenkranke *verträgt* den Nebel nicht. (Er leidet darunter; er wird kränker.)
- Ich kann Spaß *vertragen*. (Ich bin nicht leicht beleidigt.)
- Mein Regenmantel kann viel *vertragen*. (Er ist widerstandsfähig und geht nicht so leicht kaputt.)

sich mit jm ~
- Unsere Kinder *vertragen sich* gut *mit* den Kindern unseres Nachbarn. (Sie verstehen sich gut und streiten nicht.)

vortragen:
- Der Künstler *hat* ein Gedicht *vorgetragen*. (Er sprach es.)
- Die Sekretärin *trug* ihre Wünsche *vor*. (Sie sagte sie ihm.)

zutragen:
- Der feindliche Agent *hat* unseren Feinden Nachrichten *zugetragen*. (Er hat sie ihnen übermittelt.)

sich ~
- Das Unglück *hat sich* hier *zugetragen*. (Es hat sich hier ereignet.)

treffen, traf, getroffen:
- Wir *haben* uns gestern vor dem Kino *getroffen*. (Wir sind uns dort begegnet; oder: unser Treffpunkt war das Kino.)
- Wann kann ich Sie *treffen*? (Wann kann ich Sie sehen?)
- Der Jäger *hat* das Reh *getroffen*. (Er hat es getötet. Er verletzte es.)
- Du bist auf dem Foto gut *getroffen*. (Das ist ein gutes Bild.)
- Sein Tod *traf* mich schwer. (Es tat mir weh.)
- Die Polizei *trifft Maßnahmen*, damit weniger Unfälle geschehen. (Sie tut etwas dagegen.)

- Er *trifft ins Schwarze*. (Die Kugel geht ins Zentrum; oder: Seine Vermutung stimmt; I.)
- Der Redner *hat den Nagel auf den Kopf getroffen*. (Er hat das Richtige gesagt; I.)

antreffen:
- Wann *treffe* ich dich zu Hause *an*? (Wann bist du daheim?)

betreffen:
- Der Brief *betrifft* meine Mutter. (Es handelt sich um meine Mutter.)
- Unser Gespräch *betraf* nur Geschäftliches. (Wir haben nur über Geschäfte gesprochen.)
- Ein Unglück *hat* uns *betroffen*. (Es ist uns zugestoßen.)

eintreffen:
- Die Maschine aus Kopenhagen *trifft* um drei Uhr *ein*. (Sie landet um drei Uhr, sie kommt um drei Uhr an.)
- Deine Befürchtungen *sind eingetroffen*. (Sie sind Wirklichkeit geworden.)

übertreffen:
- Die Wohnung *übertrifft* alle meine Hoffnungen. (Sie ist schöner, als ich gehofft hatte.)
- Der Künstler *hat sich* heute selbst *übertroffen*. (Er war besser als sonst.)

zutreffen:
- Was Herr Müller sagt, *trifft* nicht *zu*. (Es stimmt nicht.)

treiben, trieb, getrieben:
- Die Knospen *treiben*. (Sie werden groß.)
- Das Schiff *treibt* auf dem Wasser. (Die Strömung bewegt es.)
- Der Bach *treibt* die Mühle. (Er bewegt das Mühlrad.)
- Der Hirt *treibt* die Schafe auf die Weide. (Er bringt sie dorthin.)
- Was *treibst* du jetzt? (Was machst du jetzt?)
- Mein Sohn *treibt* viel *Sport*.
- Diese Firma *treibt* mit Südamerika Handel.
- Der Rauch *treibt* mir die Tränen in die Augen. (Sie kommen unwillkürlich.)
- Der Richter *trieb* den Angeklagten *in die Enge*. (Er ließ ihm keinen Ausweg; I.)

antreiben:
- Der Motor *treibt* den Wagen *an*. (Er bewegt den Wagen.)
- Der Vater *hat* den Sohn zur Arbeit *angetrieben*. (Er drängte ihn zur Arbeit. Er sollte mehr arbeiten.)
- Das Meer *trieb* das Holz *an*. (Es spülte es an den Strand.)

auftreiben:
- Ich *habe* das Buch noch in einem ganz kleinen Laden *aufgetrieben*. (Ich fand es dort nach langem Suchen.)
- Wo soll ich das Geld so schnell *auftreiben*? (Woher soll ich es bekommen?)

austreiben:
- Der Knecht *treibt* das Vieh *aus*. (Er bringt es auf die Weide.)

- Ich *habe* ihm das Lügen *ausgetrieben!* (Ich gewöhnte es ihm ab.)

betreiben:
- Müllers *betreiben* eine Molkerei. (Sie leiten sie.)
- Viele Eisenbahnen werden elektrisch *betrieben.* (Sie fahren elektrisch.)

eintreiben:
- Das Finanzamt *treibt* die Steuern *ein.* (Es zwingt die Leute zu zahlen.)

herumtreiben:
sich ~
- Der Junge *trieb sich* stundenlang im Hafen *herum.* (Er lief dort ziellos herum.)

hintertreiben:
- Mein Konkurrent *hat* meine Pläne *hintertrieben.* (Er hat sie verhindert. Er arbeitete gegen mich.)

quertreiben:
- Mein Partner *treibt* gern *quer.* (Er macht gern Schwierigkeiten.)

übertreiben:
- Ein Geizhals *übertreibt* die Sparsamkeit. (Er ist zu sparsam.)
- Der Geschäftsführer *übertrieb* seine Höflichkeit. (Er war unnatürlich höflich.)

vertreiben:
- Man *hat* den Bauern von seinem Hof *vertrieben.* (Er mußte den Hof verlassen.)
- Der Arzt *vertrieb* das Fieber mit Chinin. (Das Fieber ging weg.)
- Er *vertrieb sich die Zeit* mit Lesen. (Er las, damit die Zeit schneller verging.)

vorantreiben:
- Der Bauherr *trieb* die Arbeit mit großem Eifer *voran.* (Er tat alles, damit sie schnell fertig wurde.)

treten, trat, getreten:
- *Tritt* nicht auf den Rasen! (Geh nicht auf den Rasen!)
- Die Frau *ist* an das Schaufenster *getreten.* (Sie stellte sich dorthin.)
- Wir *treten* zur Seite. (Wir machen Platz.)
- Die Kinder haben einen Weg durch den Schnee *getreten.* (Sie machten einen Weg.)
- Der Fluß *ist* über die Ufer *getreten.* (Er überschwemmt das Land.)
- Ich *trete* mit der Firma in Verhandlungen. (Ich beginne, mit ihr zu verhandeln.)
- Der Sohn *ist* in die Fußstapfen seines Vaters *getreten.* (Er ist wie sein Vater; oder: Er hat den gleichen Beruf gewählt; I.)
- Meine Freundin *trat* in den Stand der *Ehe.* (Sie heiratete.)
- Da *bist* du aber *ins Fettnäpfchen getreten!* (Da hast du dich unbeliebt gemacht; U., I.)
- Die Gläubiger *haben* den Kaufmann *getreten,* bis er seine Schulden bezahlte. (Sie haben ihn sehr gedrängt; U.)

abtreten:
- Meine Schuhe sind *abgetreten.* (Sie sind nicht mehr gut.)
- *Tritt* dir bitte die Schuhe *ab,* bevor du hereinkommst! (Säubere sie!)
- Er *hat* mir freundlicherweise seine Theaterkarte *abgetreten.* (Er gab sie mir.)
- Ich *trete* meine Forderungen an die Firma Werner *ab.* (Ich übertrage sie ihr.)
- Der Schauspieler *trat* von der Bühne *ab.* (Er verließ die Bühne.)

antreten:
- Herr Berger *tritt* sein Amt als Buchhalter *an.* (Er beginnt seine Arbeit.)
- Am 1. August *habe* ich meinen Urlaub *angetreten.* (Ich begann meinen Urlaub.)

auftreten:
- Die Polizisten *traten* die Tür *auf.* (Sie öffneten die Tür mit einem Fußtritt.)
- Der Schauspieler *ist* als Hamlet *aufgetreten.* (Er spielte diese Rolle.)
- Ich muß als Zeuge *auftreten.* (Ich muß als Zeuge vor Gericht erscheinen.)
- Er *tritt* fest und entschlossen *auf.* (Er zeigt sich fest.)
- In Süddeutschland *sind* Fälle von Ruhr *aufgetreten.* (Dort sind Fälle von Ruhr vorgekommen.)

austreten:
- Der Förster *trat* das Feuer *aus.* (Er löschte es mit den Füßen.)
- Ich *habe* meine Schuhe jetzt *ausgetreten.* (Jetzt sind sie bequem, weil ich sie lange getragen habe.)

aus et. ~
- Der Fußballspieler *ist aus* dem Klub *ausgetreten.* (Er hat den Klub verlassen.)

beitreten:
- Mein Vater *trat* einer Partei *bei.* (Er wurde Mitglied.)

betreten:
- Wir *haben* die Kirche *betreten.* (Wir sind hineingegangen.)

eintreten:
- Sein Tod *trat* plötzlich *ein.* (Er starb plötzlich.)
- In der Unterhaltung *trat* eine Pause *ein.* (Alle schwiegen. Die Unterhaltung stockte.)
- *Treten* Sie bitte *ein!* (Kommen Sie herein!)

sich et. ~
- Mein Hund *hat sich* einen Dorn *eingetreten.* (Er trat sich einen Dorn in die Pfote.)

in et. ~
- Mein Bruder *trat in* einen Turnverein *ein.* (Er wurde Mitglied.)

für jn ~
- Der Direktor *trat für* seine Angestellten *ein*. (Er setzte sich für sie ein.
Er kümmerte sich um ihre Interessen.)
nähertreten:
- Wir *werden* Ihrem Angebot *nähertreten*. (Wir werden es prüfen.)
übertreten: (trennb. u. untrennb.)
- Der Dichter *ist* zum katholischen Glauben *übergetreten*. (Er konvertierte.)
- Er *übertrat* das Verbot. (Er tat, was verboten war.)
vertreten:
- Herr Schmidt *vertritt* die Firma Beyer. (Er ist ihr Beauftragter.)
- Könntest du mich bei der Sitzung *vertreten*. (Könntest du für mich hingehen?)
- Der Schüler *vertrat* seine Meinung. (Er sagte sie.)
sich et. ~
- Meine Tante *hat sich* den Fuß *vertreten*. (Sie ist falsch aufgetreten. Jetzt schmerzt der Fuß.)
- Ich *habe mir* eine halbe Stunde *die Füße vertreten*. (Ich bin etwas spazieren gegangen; I.)
zertreten:
- Der Spaziergänger *zertrat* einen Käfer. (Er trat ihn tot.)
zurücktreten:
- Sie *trat* vom Fenster *zurück*. (Sie ging vom Fenster weg.)
- Der Minister *ist* nicht *zurückgetreten*. (Er hat sein Amt nicht aufgegeben.)
zusammentreten:
- Am Montag *tritt* der Bundestag *zusammen*. (Die Abgeordneten kommen zusammen.)

trinken, trank, getrunken:
- Das Kind *trinkt* Milch.
- Der Wein läßt sich *trinken*. (Er ist gut.)
- Sie *trinken Brüderschaft*. (Sie trinken auf ihre Freundschaft und sagen „du" zueinander.)
- Der Mann *hat* eins *über den Durst getrunken*. (Er hat zuviel Alkohol getrunken und ist jetzt betrunken; U.)
- Er *trinkt* die Schönheit in vollen Zügen. (Er nimmt sie begeistert in sich auf.)
auf et. ~
- Ich *trinke auf* Ihre Gesundheit! (Ich trinke Ihnen zu und wünsche gute Gesundheit.)
austrinken:
- Der Säugling *hat* seine Flasche *ausgetrunken*. (Er hat sie geleert.)
betrinken:

sich ~
- Der Mann *hat sich betrunken*. (Er hat zu viel getrunken.)
ertrinken:
- Bei dem Schiffsuntergang *sind* zehn Matrosen *ertrunken*. (Sie starben im Wasser.)
vertrinken:
- Der Arbeiter *hat* seinen Lohn *vertrunken*. (Er gab ihn ganz für Alkohol aus.)
zutrinken:
- Der Hausherr *trinkt* seinen Gästen *zu*. (Er trinkt auf das Wohl seiner Gäste.)

trügen, trog, getrogen:
- Der Schein *trügt*. (Er täuscht; Sprw.)
- Dein Gedächtnis *trügt* dich. (Du irrst dich.)
betrügen:
- Der Schüler *hat* den Lehrer *betrogen*. (Er hat ihn böswillig getäuscht.)
jn um et. ~
- Der Hochstapler *betrog ihn um* sein ganzes Vermögen. (Er nahm ihm alles.)
- Das Leben *hat mich um* meine Hoffnungen *betrogen*. (Es gab mir nicht, was ich erhoffte.)

tun, tat, getan:
- Was *hat* der Angeklagte *getan*? (Was machte er Böses?)
- *Tue* deine Pflicht! (Mache, was du sollst!)
- Die Arbeiter *haben getan*, was in ihren Kräften stand. (Sie machten, was sie konnten.)
- *Tu* nicht so blöd! (Verstelle dich nicht! U.)
- Der Hund *tut* dir nichts. (Er beißt dich nicht.)
- Der Schüler *tut* seine Bücher in die Mappe. (Er legt sie hinein.)
- Es *tut* mir leid! (Ich bedaure es.)
- Mit dem neuen Meister *haben* wir einen guten Griff *getan*. (Wir haben gut gewählt; wir haben Glück gehabt.)
- Du *tust* mir Unrecht! (Du kränkst mich, du verstehst mich nicht.)
zu ~ haben:
- Ich kann nicht zum Baden gehen, ich *habe* viel *zu tun* (Ich habe viel Arbeit.)
- Er will mit der Sache nichts *zu tun haben*. (Er will nicht hineingezogen werden.)
abtun:
- Er *tut* die Angelegenheit mit einer Handbewegung *ab*. (Er hält sie nicht für wichtig.)
antun:
- Das kannst du mir nicht *antun*! (Das kannst du nicht tun, damit tätest du mir sehr weh.)

sich et. ~
- Ich fürchte, sie will *sich* etwas *antun*! (Ich fürchte, sie will sich das Leben nehmen.)

auftun:
sich ~
- Die Tür *tat sich auf*. (Sie ging auf.)
- Neue Verdienstmöglichkeiten *taten sich auf*. (Es fanden sich neue Verdienstmöglichkeiten.)

vertun:
- Der junge Mann *vertut* seine Zeit. (Er verbringt sie nutzlos.)

verderben, verdarb, verdorben:
- Das Fleisch *ist verdorben*. (Es ist schlecht geworden.)
- Unkraut *verdirbt* nicht. (Es geht nicht zu Grunde; Sprw.)
- Der viele Regen *verdirbt* das Heu. (Er macht es schlecht.)
- Böse Beispiele *verderben* gute Sitten. (Sprw.)
- Seine schlechte Laune *verdarb* mir den ganzen Abend. (Der Abend war nicht schön, weil er schlechte Laune hatte.)
- Daran ist nichts mehr zu *verderben*! (Da kann man nichts mehr schlecht machen.)
- Durch Lesen bei schlechtem Licht *verdirbt* man *sich* die Augen. (Man bekommt schlechte Augen.)

verdrießen, verdroß, verdrossen:
- Sein Gerede *verdrießt* mich. (Es macht mich ärgerlich und schlecht gelaunt.)

vergessen, vergaß, vergessen:
- *Vergiß* mich nicht! (Denke immer an mich!)
- Ich *habe* mein Buch *vergessen*. (Ich habe es zu Hause gelassen.)
- Es soll alles *vergessen* sein! (Wir wollen wieder Freunde sein!)
sich ~
- Der alte Mann *vergaß sich* in seiner Wut. (Er beherrschte sich nicht.)

verlieren, verlor, verloren:
- Ich *habe* meine Handschuhe *verloren*. (Sie sind weg. Ich finde sie nicht.)
- Der Soldat *verlor* im Krieg einen Arm. (Ihm wurde ein Arm abgenommen.)
- Die Verkäuferin *verlor* ihre Stellung. (Sie wurde arbeitslos.)
- Das Kind *hat* seine Eltern *verloren*. (Sie sind gestorben.)
- Unser Klub *hat* das Turnier *verloren*. (Wir wurden besiegt.)
- Der Kaufmann *verlor* den Prozeß. (Das Gericht entschied gegen ihn.)
- Der Rentner *hat* allen Mut *verloren*. (Er ist mutlos.)
- Die Frau *hat* in den letzten Jahren *verloren*. (Sie sieht nicht mehr so gut aus.)

an et. ~
- Die Firma *hat* stark *an* Ansehen *verloren.* (Sie ist nicht mehr so angesehen.)

sich ~
- Dieser Weg *verliert sich* im Moor. (Er endet dort.)

verzeihen, verzieh, verziehen:
- *Verzeihen* Sie! (Entschuldigen Sie!)
- *Verzeihen* Sie mir mein Unrecht! (Vergeben Sie mir!)
- Das ist nicht zu *verzeihen!* (Das kann man nicht entschuldigen.)

sich et. ~
- Ich kann *mir* nicht *verzeihen,* daß ich das Geld verloren habe. (Ich
  ärgere mich sehr drüber.)

wachsen, wuchs, gewachsen:
- Pilze *wachsen* in diesem Wald nicht. (Es gibt hier keine.)
- Der Baum *wächst.* (Er wird größer.)
- Das Kind *ist* mir *ans Herz gewachsen.* (Ich habe es liebgewonnen, I.)
- Mein Sohn *ist* mir *über den Kopf gewachsen.* (Er ist jetzt größer als ich,
  oder auch: Er läßt sich nichts mehr sagen; I.)

anwachsen:
- Der neu gepflanzte Baum *ist angewachsen.* (Er hat Wurzeln geschlagen.)
- Die Zahl der Verkehrsunfälle *wächst an.* (Sie steigt.)

aufwachsen:
- Das Mädchen *ist* in einer Kleinstadt *aufgewachsen.* (Es verbrachte seine
  Jugend dort.)

auswachsen:
- Der Hund *ist ausgewachsen.* (Er wird nicht mehr größer.)

sich zu et. ~
- Der Vorgang *hat sich zu* einem Skandal *ausgewachsen.* (Er wurde ein
  Skandal.)

bewachsen:
- Der kahle Hügel *bewächst.* (Er bedeckt sich mit Pflanzen.)
- Unser Haus ist mit Efeu *bewachsen.* (An dem Haus wächst viel Efeu.)

entwachsen:
- Der Junge *ist den Kinderschuhen entwachsen.* (Er ist kein Kind mehr; I.)

erwachsen:

aus et. ~
- *Aus* diesen Maßnahmen *erwuchsen* der Firma große Nachteile. (Nachteile ergaben sich daraus.)

heranwachsen:
- Die Kinder *wachsen heran.* (Sie werden älter.)

verwachsen:
- Die Narben des Verletzten *verwuchsen* gut. (Sie verschwanden allmählich.)

mit jm (et.) ~
- Im Lauf der Jahre *bin* ich *mit* meiner Arbeit und meinen Kollegen fest *verwachsen*. (Ich hänge sehr an der Arbeit und meinen Kollegen.)

waschen, wusch, gewaschen:
- *Wasch* dir die Hände! (Mache sie sauber!)
- Eine Hand *wäscht* die andere. (Hilfst du mir, dann helfe ich dir; Sprw.)
- Ich *wasche* meine Hände in Unschuld. (Ich will an der Sache nicht schuld sein; I.)

abwaschen:
- Die Mutter *wäscht* das Geschirr *ab*. (Sie macht es sauber.)

weichen, wich, gewichen:
- Der Feind *weicht*. (Er geht zurück.)
- Die Schwester *ist* nicht vom Bett des Kranken *gewichen*. (Sie ging nicht fort.)
- Der Wald mußte dem Erweiterungsbau der Fabrik *weichen*. (Er mußte der Fabrik Platz machen.)

abweichen:
von et. ~
- Das Beispiel *weicht von* der Regel *ab*. (Es ist eine Ausnahme.)
- Die neue Auflage des Buches *weicht von* der vorigen *ab*. (Sie unterscheidet sich.)
- Der Student *wich* nicht *von* seinen Grundsätzen *ab*. (Er blieb dabei.)

ausweichen:
- Der Autofahrer *weicht* den Schlaglöchern *aus*. (Er umfährt sie.)
- Ich *weiche* der Gefahr *aus*. (Ich meide sie.)
- Die Sekretärin *ist* den klaren Fragen des Besuchers *ausgewichen*. (Sie gab keine klare Antwort.)

entweichen:
~ aus et.
- Äther *entweicht aus* der schlecht verschlossenen Flasche. (Er verdunstet.)
- Drei Verbrecher *sind aus* dem Zuchthaus *entwichen*. (Sie sind entflohen.)

weisen, wies, gewiesen:
- Der Schutzmann *wies* mir den Weg. (Er zeigte ihn mir.)
- Ich *weise* das Angebot nicht *von der Hand*. (Ich lehne es nicht ab, sondern erbitte Bedenkzeit.)

abweisen:
- Der Chef *weist* den Vertreter der Firma *ab*. (Er läßt sich nicht sprechen; er schickt ihn weg.)
- Das Finanzamt *wies* meine Klage *ab*. (Es lehnte sie ab.)

anweisen:
- Ein junges Mädchen *wies* mir im Kino meinen Platz *an*. (Sie gab mir einen Platz und zeigte ihn mir.)
- Meine Firma *hat* mir mein Gehalt *angewiesen*. (Sie hat es auf mein Konto geschickt.)
- Die Firma *weist* die Bank *an*, den Betrag zu bezahlen. (Sie gibt den Auftrag.)

aufweisen:
- Die Rechnung *wies* verschiedene Fehler *auf*. (Sie zeigte Fehler.)

ausweisen:
- Die armen Menschen wurden aus dem Land *ausgewiesen*. (Sie mußten das Land verlassen.)

sich ~
- Er *wies sich* durch seinen Paß *aus*. (Er bewies mit seinem Paß, wer er war.)

beweisen:
- Man konnte seine Schuld nicht *beweisen*. (Man konnte nicht deutlich zeigen, daß er schuldig war.)
- Der Junge *bewies* Mut. (Er zeigte Mut.)
- Er *hat* mir seine Ehrlichkeit *bewiesen*. (Er hat mir gezeigt, daß er ehrlich ist.)

einweisen:
in et. ~
- Der neue Mitarbeiter wird *in* seine Arbeit *eingewiesen*. (Man zeigt und erklärt sie ihm.)
- Der Arzt *hat* den Kranken *in* das Krankenhaus *eingewiesen*. (Er wird ins Krankenhaus geschickt.)

erweisen:
- Er *erwies* mir einen großen Gefallen. (Er tat et. für mich.)
- Die Röntgenaufnahme muß *erweisen*, ob der Arm gebrochen ist. (Sie wird es zeigen.)

sich als et. ~
- Die Nachricht *erwies sich als* falsch. (Es zeigte sich, daß sie falsch war.)

hinweisen:
auf et. ~
- Ich *weise* die Ausländer *darauf hin*, daß dieses Buch wichtig ist. (Ich mache darauf aufmerksam.)

nachweisen:
- *Weisen* Sie *nach*, daß das Fahrrad Ihnen gehört! (Beweisen Sie es!)
- Das Arbeitsamt *weist* dem Arbeitslosen Arbeit *nach*. (Es zeigt, wo es Arbeit gibt.)

überweisen:
- Das Geld wird Ihnen *überwiesen*. (Es wird auf Ihr Konto gezahlt.)
- Der Antrag der Partei wurde an den Ausschuß *überwiesen*. (Der Antrag geht an den Ausschuß. Er soll ihn bearbeiten.)

unterweisen:
- Der Lehrer *unterweist* die Schüler. (Er unterrichtet sie.)

jn in et. ~
- Die Soldaten werden *in* der Handhabung der Waffe *unterwiesen*. (Der Gebrauch der Waffe wird ihnen erklärt.)

verweisen:
- Der Lehrer *verweist* dem Schüler das Rauchen. (Er verbietet es ihm.)

auf et. ~
- Der Gelehrte *verweist auf* die Quellen. (Er weist auf die Quellen hin, man soll sie benutzen.)

jn an jn ~
- Der Beamte *verwies mich an* eine andere Abteilung. (Er schickte mich dorthin.)

vorweisen:
- Wer diese Stellung haben will, muß entsprechende Zeugnisse *vorweisen* können. (Er muß sie besitzen und zeigen können.)

zurückweisen:
- Der Beamte *weist* die Geschenke *zurück*. (Er nimmt sie nicht an.)
- Ich *weise* Ihre Anschuldigungen scharf *zurück*! (Ich erkläre sie für falsch und gemein.)

wenden, wandte, gewandt (oder: wendete, gewendet):
1. wenden (schwach) – umdrehen, ändern:
- Der Bauer *wendete* das Heu auf der Wiese. (Er drehte es um.)
- *Wenden* Sie bitte den Anzug! (Drehen Sie den Stoff des Anzugs um!)
- Das Schiff *hat gewendet*. (Es dreht um, es fährt zurück.)
- Das Wetter *wendete* sich. (Es änderte sich.)

2. sonst stark oder schwach:
- Das Kind *wendete (wandte)* seine Augen zum Gabentisch. (Es schaute dorthin.)
- Er *wendete (wandte)* seine Schritte zum Friedhof. (Er ging dorthin.)
- Die wirtschaftliche Lage des Landes *hat sich* zum Guten *gewendet (gewandt)*. (Sie hat sich gebessert.)

sich an jn (et.) ~
- Ich *wandte mich an* einen Polizisten und fragte ihn nach dem Weg. (Ich ging hin und fragte.)

abwenden:
- Das Unglück war nicht *abzuwenden*. (Man konnte es nicht verhindern.)

anwenden:
- Der Arzt *wandte (wendete)* ein neues Heilmittel *an*. (Er benutzte es.)
- Die Polizei *hat* Gewalt *angewendet (angewandt)*. (Sie gebrauchte Gewalt.)

aufwenden:
- Der Student mußte viel Zeit und Mühe *aufwenden*, um seine Doktorarbeit zu schreiben. (Er brauchte viel Zeit und Mühe.)

einwenden:
  et. gegen et. ~
  – Ich *wende etwas gegen* den Kauf des Wagens *ein.* (Ich sage etwas dagegen.)
umwenden:
  – Der Leser *wendet* die Seite *um.* (Er blättert um.)
  sich nach jm ~
  – Er *wandte sich nach* seinem Hund *um.* (Er drehte sich zu ihm um.)
zuwenden:
  – Mein Nachbar *wendete (wandte)* mir sein Gesicht *zu.* (Er schaute mich an.)
  – Der Student *wendet* sich dem Medizinstudium *zu.* (Er beginnt damit.)
  – Wir wollen dem armen Kerl etwas *zuwenden.* (Wir wollen ihm et. geben; oder: Wir wollen ihm et. zu verdienen geben.)

werben, warb, geworben:
  – Die Partei *wirbt* Mitglieder. (Sie macht Propaganda, um mehr Mitglieder zu bekommen.)
  für et. ~
  – Das Plakat *wirbt für* Zahnpasta. (Es macht dafür Reklame.)
  um jn ~
  – Der junge Mann *wirbt um* das Mädchen. (Er will sie gewinnen; er will sie heiraten.)
anwerben:
  – Die Fabrik *wirbt* Arbeiter *an.* (Sie versucht Arbeiter zu bekommen.)
abwerben:
  – Die Konkurrenz *hat* uns Arbeiter *abgeworben.* (Sie lockte sie von uns weg.)
bewerben:
  sich um et. ~
  – Der Schlosser *bewirbt sich um* eine Stellung in der Autoindustrie. (Er versucht, dort Arbeit zu bekommen.)
erwerben:
  – Ich konnte diesen Wagen preisgünstig *erwerben.* (Ich kaufte ihn billig.)
  sich et. ~
  – Der Minister *hat sich* hohe Verdienste *erworben.* (Er hat viel geleistet. Man dankt ihm.)
  – Das Dienstmädchen *erwarb sich* das Vertrauen der Familie. (Sie gewann es.)

werden, wurde, geworden:
  – Müllers Sohn *wird* Seemann. (Er erlernt diesen Beruf.)
  – Die Milch *wurde* schlecht. (Sie verdarb.)
  – Mir *wird* schlecht. (Ich fühle mich plötzlich nicht gut.)
  – Es *wird* bald Sommer. (Der Sommer kommt.)
  – Der Kaufmann *ist* schnell reich *geworden.* (Er kam schnell zu Geld.)

- Das Wetter *wird* besser. (Es bessert sich.)
- Es *wird* Zeit! (Es ist schon spät; U.)
- Der Kranke *wird wieder*. (Er wird wieder gesund; U.)

werfen, warf, geworfen:
- Der Knabe *wirft* einen Stein. (Er schleudert ihn.)
- Das Meer *wirft* hohe Wellen. (Die See ist bewegt.)
- Die Bäume *werfen* Schatten. (Sie geben Schatten.)
- Der Dampfer *warf* Anker. (Er machte fest.)
- Der Verbrecher *wird* ins Gefängnis *geworfen*. (Er kommt dorthin.)
- Die Katze *wirft Junge*. (Sie bekommt Junge.)
- Er *hat die Flinte ins Korn geworfen*. (Er gibt auf; I.)

sich ~
- Das frische Holz *wirft sich*. (Es verzieht sich.)
- Der Lebensmüde *wirft sich* vor den Zug. (Er läßt sich überfahren.)

abwerfen:
- Das Pferd *warf* seinen Reiter *ab*. (Er fiel hinunter.)
- Das Geschäft *warf* wenig *ab*. (Man verdiente nicht viel daran.)

aufwerfen:
- Die Arbeiter *werfen* einen Damm *auf*. (Sie bauen ihn.)
- Das Parlament *warf* die Frage *auf*. (Es sprach sie durch.)

sich als jd ~
- Er *wirft sich* als Diktator *auf*. (Er versucht zu bestimmen.)

auswerfen:
- Der Bauer *wirft* einen Graben *aus*. (Er gräbt ihn.)
- Die Firma *warf* einen hohen Betrag für Werbung *aus*. (Sie gab ihn dafür aus.)

bewerfen:
- Man *hat* das Haus *beworfen*. (Es wurde außen verputzt.)

jn mit et. ~
- Man *bewarf* den Dichter *mit* Schmutz. (Er wurde angegriffen und zu Unrecht beschimpft; I.)

einwerfen:
- *Werfen* Sie bitte den Brief *ein*. (Stecken Sie ihn in den Kasten.)
- Er *w rf* eine treffende Bemerkung *ein*. (Er sagte einen klugen Gedanken zum Thema.)

entwerfen:
- Der Architekt *entwirft* den Plan des Hauses. (Er zeichnet ihn.)

nachwerfen:
- Das Geschäft *wirft* einem die Ware *nach*. (Es verkauft sie zu niedrigsten Preisen.)

überwerfen: (trennb. u. untrennb.)
- Die Frau *warf* sich einen Mantel *über*. (Sie legte ihn um die Schultern.)

sich mit jm ~
- Ich *habe mich mit* meinem Hauswirt *überworfen.* (Wir hatten einen ernsten Streit.)

umwerfen:
- Der Gast *hat* ein Glas *umgeworfen.* (Er stieß daran, das Glas fiel um.)
- Die schlechte Nachricht *warf* mich *um.* (Sie erschütterte mich sehr.)
- De Alkohol *warf* ihn *um.* (Er machte ihn betrunken.)

unterwerfen:
- Das besiegte Volk *wird* von den Siegern *unterworfen.* (Es verliert seine Freiheit.)

sich ~
- Man muß *sich* den Gesetzen *unterwerfen.* (Man muß sich unterordnen.)

verwerfen:
- Ich *verwerfe* meine früheren Pläne. (Ich gebe sie auf.)

vorwerfen:
jm et. ~
- Der Knecht *wirft* dem Pferd Hafer *vor.* (Er gibt ihm Hafer.)
- Meine Mutter *hat mir* Unachtsamkeit *vorgeworfen.* (Sie sagte, ich sei unachtsam gewesen und tadelte mich deshalb.)
- Ich *habe mir* nichts *vorzuwerfen.* (Ich brauche mir keine Vorwürfe zu machen.)

zurückwerfen:
- Der Spiegel *wirft* das Licht *zurück.* (Er reflektiert es.)
- Die Krankheit *hat* mich in meiner Arbeit um Wochen *zurückgeworfen.* (Ich habe dadurch viel Zeit verloren.)

zuwerfen:
- Der Wind *warf* die Tür *zu.* (Er schloß sie mit einem Knall.)

jm et. ~
- *Wirf mir* bitte den Ball *zu!* (Wirf ihn zu mir her!)
- Er *hat mir* einen wütenden Blick *zugeworfen.* (Er sah mich wütend an.)

wiegen, wog, gewogen (wiegen, wiegte, gewiegt – schaukeln):
- Ich *wog* das Fleisch. (Ich stellte das Gewicht fest.)
- Die Spende der alten Frau *wiegt* doppelt. (Sie ist besonders viel wert.)

abwiegen:
- *Wiegen* Sie mir ein Pfund Kaffee *ab.* (Geben Sie mir ein Pfund Kaffee in die Tüte!)

aufwiegen:
- Die Freude der alten Frau *wog* alle Mühe und Arbeit *auf.* (Sie entschädigte für alles.)
- Er *ist* nicht mit Gold *aufzuwiegen!* (Er ist mehr wert als Gold; I.)

überwiegen:
- Seine Hilfsbereitschaft *überwiegt* seine sonstigen Fehler. (Sie ist größer als seine Fehler.)

- In diesem Sommer *überwogen* die schönen Tage. (Es war mehr schönes als schlechtes Wetter.)

winden, wand, gewunden:
- Die Blumenbinderin *windet* Blumen zu einem Kranz. (Sie macht einen Kranz.)

sich ~
- Der Fluß *windet sich* durch die Wiesen. (Er fließt nicht gerade.)
- Der Kranke *wand sich* vor Schmerzen. (Er hatte sehr starke Schmerzen.)
- Als er mir antworten sollte, *hat er sich gewunden.* (Die Antwort war ihm unangenehm; er wollte ausweichen; U.)

auswinden:
- Ich *winde* die Wäsche *aus,* damit sie schneller trocknet. (Ich presse das Wasser aus der nassen Wäsche.)

entwinden:
- Der Polizist *entwand* dem Verbrecher das Messer. (Er nahm es ihm trotz Gegenwehr weg.)

überwinden:
- Er *überwindet* seinen Gegner. (Er besiegt ihn.)
- Der Lehrer *überwand* seinen Ärger und seine Wut. (Er beherrschte sich.)

umwinden:
- Der Gärtner *umwindet* den Strauß mit einer schönen Schleife. (Er schmückt ihn damit.)

verwinden:
- Die Mutter kann den Tod des Sohnes nicht *verwinden.* (Sie kommt nicht über den Verlust hinweg.)

wissen, wußte, gewußt:
- *Weißt* du noch? (Erinnerst du dich?)
- Alle Welt *weiß,* daß er lügt. (Er ist als Lügner bekannt.)
- Ich *wußte,* daß er kommt. (Es war mir klar; oder: ich ahnte es.)
- Der Junge *weiß,* was er will. (Er hat ein bestimmtes Ziel.)
- Der Arzt *weiß* ein Mittel gegen die Krankheit. (Er kennt es.)
- Die Mutter *wußte* immer Rat. (Sie konnte immer helfen.)
- Der Kollege *wußte alles besser.* (Er glaubte klüger zu sein; I.)
- Er *weiß* zu schweigen. (Er kann schweigen.)

von et. nichts ~ wollen
- Der Kranke *will von* einer Operation *nichts wissen* (Er ist dagegen, er will sich nicht operieren lassen.)

ziehen, zog, gezogen:
1. sich in eine Richtung bewegen:
- Die Vögel *ziehen* nach dem Süden. (Sie fliegen dorthin.)
- Ich *ziehe* nach Berlin. (Ich nehme mir dort eine Wohnung.)
- Der Rauch *zieht* aus dem Schornstein. (Er steigt auf.)

2. etwas in eine Richtung bewegen:
- Das Pferd *zieht* den Wagen.
- Das Kind *zog* den schweren Koffer hinter sich her.
- Wir *zogen* das Unkraut aus dem Boden. (Wir holten es heraus.)
- Das Mädchen *hat* den Ring vom Finger *gezogen.*
- Der Zahnarzt *zog* mir zwei Zähne.
- Er *zieht* den Hut. (Er grüßt.)
- Ich *ziehe* ein Los. (Ich kaufe ein Los.)
- In diesem Streit *hast* du *den kürzeren gezogen.* (Du bist unterlegen; I.)
- Dieser Filmtitel *zieht.* (Er lockt alle ins Kino; er wirkt.)
- Es *zog* ihn in die Heimat. (Er hatte Sehnsucht nach der Heimat.)
- Die Damen *zogen* die Nachbarinnen *durch den Kakao.* (Sie redeten schlecht über sie; U.)
- Ich *zog* ihn *ins Vertrauen.* (Ich sagte ihm ein Geheimnis.)
- Schmuggel *zieht* böse Folgen *nach sich.* (Er hat böse Folgen.)
- Man *zog* den Kassierer wegen der verschwundenen Summe *zur Rechenschaft.* (Man machte ihn dafür haftbar.)

jn an sich ~
- Durch seine Freundlichkeit *zieht* er alle Menschen *an sich.* (Alle mögen ihn.)

et. aus et. ~
- Er *zog sich* geschickt *aus* der Sache. (Er kam aus der unangenehmen Situation heraus.)
- Der Kaufmann *hat* großen Gewinn *aus* dem Geschäft *gezogen.* (Er verdiente daran viel.)

3. dehnen, sich erstrecken:
- Gummi kann man *ziehen.*
- Der Redner *zog* seinen Vortrag *in die Länge.* (Er dehnte ihn aus.)
- Der Schüler *zieht* Linien in sein Heft. (Er zeichnet sie.)
- Die Alpen *ziehen sich* von Osten nach Westen. (Sie erstrecken sich in dieser Richtung.)

4. aussaugen:
- Der Tee muß *ziehen.* (Er muß stehen, damit das Wasser die Teeblätter aussaugt.)

abziehen:
- Der Feind *zog ab.* (Er ging zurück.)
- Er *zog mit leeren Händen ab.* (Er hat nichts erreicht; I.)
- Die Hausfrau *zieht* die Betten *ab.* (Sie nimmt die schmutzige Wäsche herunter.)
- Der Wildhändler *zieht* den Hasen *ab.* (Er entfernt das Fell.)
- *Zieh* 5 von 30 *ab!* (Subtrahiere!)
- Bei Barzahlung können Sie 3 % Skonto *abziehen.* (Sie zahlen weniger.)

- Der Photograph *zieht* die Bilder *ab*. (Er macht Abzüge vom Negativ.)
- Wir *ziehen* den Text *ab*. (Wir vervielfältigen ihn mit dem Abziehapparat.)
- Der Weinhändler *hat* den Wein *abgezogen*. (Er hat ihn auf Flaschen gefüllt.)

anziehen:
- Ich *ziehe* mich *an*. (Ich kleide mich an.)
- Die Preise *zogen an*. (Die Ware wurde teurer.)
- Der Schlosser *zieht* die Schraube *an*. (Er macht sie fester.)
- Der Magnet *zieht* Eisen *an*. (Er hält es fest; er holt es heran.)
- Dieser Mensch *zieht* mich *an*. (Ich habe ihn gern; er ist mir sympathisch.)

aufziehen:
- Ein Gewitter *zieht auf*. (Es kommt.)
- Die Eltern *zogen* fünf Kinder *auf*. (Sie sorgten für sie, bis sie groß waren.)
- Ihre Uhr steht, Sie müssen sie *aufziehen*. (Sie müssen sie wieder in Gang bringen.)
- Ich *habe* die Landkarte *aufgezogen*. (Ich klebte sie auf Pappe.)
- Mein Freund *zieht* das Fest groß *auf*. (Er gestaltet es prächtig.)
- Meine Schwester *zog* mich mit dem Mädchen *auf*. (Sie neckt mich; U.)
- Er *zog andere Saiten auf*. (Er änderte seine Haltung. Er wurde hart; I.)

ausziehen:
- Man kann den Tisch *ausziehen*. (Man kann ihn vergrößern.)
- Der Gast *zog* den Mantel *aus*. (Er legte ihn ab.)
- Wir *sind* am 1. Mai *ausgezogen*. (Wir haben an diesem Tag die Wohnung verlassen.)

beziehen:
- Der Sessel *wird* neu *bezogen*. (Er bekommt einen neuen Stoff.)
- Wann *bezieht* ihr eure neue Wohnung? (Wann zieht ihr ein?)
- Ich *beziehe* zu wenig Gehalt. (Ich bekomme zu wenig.)
- Der Kaufmann *bezog* seinen Kaffee aus Südamerika. (Er bekam ihn von dort.)

sich ~
- Der Himmel *bezieht sich*. (Er bewölkt sich.)

sich auf et. ~
- Die Firma *bezieht sich auf* unsere Anfrage. (Sie beantwortet sie.)
- Ich *beziehe* mich *auf* Ihre Zusage. (Ich berufe mich darauf.)

durchziehen: (trennb. u. untrennb.)
- Der Duft der Blumen *durchzieht* das ganze Haus. (Er durchdringt es.)
- Eine Gewitterfront *hat* unser Gebiet *durchzogen*. (Sie *ist* durch unser Gebiet *durchgezogen*). (Sie hat es durchquert.)

einbeziehen:
- Mein Onkel *bezog* die ganze Familie in die Einladung *ein*. (Die Einladung gilt für alle.)

einziehen:
- Der junge Mann *wird* zum Militär *eingezogen*. (Er muß Soldat werden.)
- Die Post *zieht* die alten Marken *ein*. (Sie werden ungültig.)
- Heute *sind* neue Mieter in die leere Wohnung *eingezogen*. (Sie haben sie bezogen.)
- Man *zieht* über den Bewerber Erkundigungen *ein*. (Man erkundigt sich nach seinem bisherigen Leben.)
- Wir *haben* die Fahnen *eingezogen*. (Wir haben sie vom Mast geholt.)
- Der Junge *zieht* den Kopf *ein*, um nicht vom Schneeball getroffen zu werden.

entziehen:
- Der Vater *entzieht* seinem Sohn das Taschengeld. (Er straft ihn, indem er ihm kein Taschengeld gibt.)
- Der Bundestagspräsident *entzieht* dem Abgeordneten das Wort. (Er darf nicht weiter sprechen.)
- Das *entzieht sich meiner Kenntnis*. (Ich weiß es nicht; I.)

erziehen:
- Die Eltern *erziehen* ihre Kinder. (Sie bilden sie fürs Leben.)

jn zu et. ~
- Der Lehrer *hat* die Kinder *zur* Pünktlichkeit *erzogen*. (Er gewöhnte ihnen Pünktlichkeit an.)

herziehen:
- Die Zeitungen *sind* über den Mann *hergezogen*. (Sie beschimpfen ihn; U.)

heranziehen:
- Weil man die Ursache der Krankheit nicht fand, *zog* man eine Kapazität *heran*. (Man holte den berühmten Arzt.)

hinterziehen:
- Die Firma *hat* Steuern *hinterzogen*. (Sie hat das Finanzamt um die Steuern betrogen.)

hinziehen:
sich ~
- Die Verhandlungen *zogen sich hin*. (Sie dauerten länger, als man gedacht hatte.)

hinzuziehen:
- Der Arzt *zieht* einen Kollegen *hinzu*. (Er fordert seinen Rat und seine Hilfe.)

überziehen: (trennb. u. untrennb.)
- Die Mutter *hat* das Kopfkissen *überzogen*. (Sie steckte es in einen Bezug.)

- *Überziehen* Sie Ihr Konto nicht! (Holen Sie nicht mehr von der Bank, als Sie auf Ihrem Konto haben.)

et mit et. ~
- Die Tochter *überzieht* die Torte *mit* Schokolade. (Sie bedeckt sie damit.)

sich et. ~
- *Ziehen* Sie einen Mantel *über!* (Ziehen Sie einen Mantel an!)
- Das Kind *zog sich* ein Kleid *über.* (Es zog ein Kleid an.)

umziehen:
- Am ersten Februar *ziehen* wir *um.* (Wir wechseln die Wohnung.)

sich ~
- Ich *habe mich umgezogen,* weil ich ins Theater gehen will. (Ich habe die Kleider gewechselt.)

unterziehen:
- Bevor wir auswanderten, *unterzog* man uns einer ärztlichen Untersuchung. (Man untersuchte uns.)

sich ~
- Der Schüler mußte *sich* einer Prüfung *unterziehen.* (Er mußte eine Prüfung machen.)

verziehen:
- Der Künstler *ist* nach München *verzogen.* (Er ist dorthin umgezogen.)
- Die Eltern *haben* ihren Sohn *verzogen.* (Sie haben ihn verwöhnt; sie erzogen ihn falsch.)
- Der Clown *verzieht* das Gesicht zu einer Grimasse. (Er macht eine Grimasse. Er verzerrt seine Gesichtszüge.)

sich ~
- Die Bretter *verziehen sich.* (Sie verlieren ihre Form.)
- Ich *verziehe mich.* (Ich gehe; U.)

vollziehen:

sich ~
- Die Paßkontrolle *vollzog sich* reibungslos. (Sie ging in Ruhe vor sich.)
- Die Demonstration *hat sich* in Ruhe und Ordnung *vollzogen.* (Es gab keine Zwischenfälle.)

vorziehen:
- *Zieh* den Sessel *vor!* (Hole ihn nach vorn!)
- Ich *ziehe vor* zu schweigen. (Ich schweige lieber.)
- Die Lehrerin *hat* das eine Kind *vorgezogen.* (Sie hat es besser behandelt.)
- Ich *ziehe* Kaffee Tee *vor.* (Ich trinke lieber Kaffee als Tee.)

zurückziehen:
- Der Abgeordnete *zog* seinen Antrag *zurück.* (Er verzichtete auf die Behandlung seines Antrags.)

sich ~
- Der alte Schauspieler *zieht sich* ins Privatleben zurück. (Er tritt nicht mehr auf. Er geht in den Ruhestand.)

zusammenziehen:
jn zu et. ~
- Karl und sein Freund *ziehen zusammen*. (Sie nehmen eine gemeinsame Wohnung.)
- Der Feind *hat* seine Truppen *zusammengezogen*. (Er sammelte sie.)

sich ~
- Am Horizont *zieht sich* ein Gewitter *zusammen*. (Es bildet sich.)
- Gummi *zieht sich* bei Kälte *zusammen*. (Er dehnt sich nicht aus, sondern wird enger.)

zuziehen:
- Am Abend *ziehen* wir die Vorhänge *zu*. (Wir schließen sie.)
- Unsere Nachbarn *sind* erst vor einem Jahr *zugezogen*. (Sie sind damals hierher gekommen.)

sich et. ~
- Der Sänger *hat sich* eine Erkältung *zugezogen*. (Er bekam sie.)

zwingen, zwang, gezwungen:
jn zu et. ~
- Ich *zwinge ihn zur* Arbeit. (Ich dringe darauf, daß er arbeitet.)
- Die Geldnot *zwingt ihn zu* arbeiten. (Er muß arbeiten.)
- Man *hat ihn gezwungen*, die Wahrheit *zu* sagen. (Er wollte es nicht, aber er mußte.)

sich zu et. gezwungen sehen
- Der Fabrikant *sieht sich gezwungen*, sein Geschäft zu schließen. (Er muß es schließen.)

aufzwingen:
jm et. ~
- Meine Gastgeber wollten mir noch ein Glas Wein *aufzwingen*. (Sie wollten unbedingt, daß ich noch ein Glas Wein trinke.)

bezwingen:
- Der Alpinist *bezwingt* den hohen Berg. (Er steigt trotz Schwierigkeiten hinauf.)
- Der Lehrer *bezwang* seine Wut. (Er unterdrückte sie.)

erzwingen:
sich et. ~
- Die Reporter *erzwangen sich* den Zutritt zu dem Saal. (Sie erreichten mit Gewalt, daß sie hereinkamen.)

Verzeichnis der Grundverben mit Seitenangabe

Literaturhinweis

1. Der Sprachbrockhaus, Wiesbaden 1956
2. Duden – Stilwörterbuch, Mannheim 1959
3. Duden – Grammatik, Mannheim 1959
4. Sag' es treffender, Stuttgart 1955

Nachschlagewerke
zur deutschen Grammatik

Grammatik der deutschen Sprache
von Dora Schulz und Heinz Griesbach
492 Seiten, kart.   Hueber-Nr. 1011

Diese Grammatik ist ein Nachschlagewerk und Arbeitsbuch für Lernende, die über gute Kenntnisse in der deutschen Sprache verfügen. Sie gibt einen Überblick über den Formenbestand der heutigen Sprache, zeigt ihren Gebrauch und berücksichtigt sprachliche Besonderheiten und Schwierigkeiten des Deutschen.

Deutsche Grammatik
Ein Abriß
von Johannes Erben
392 Seiten, kart.   Hueber-Nr. 1713

Der Autor legt in diesem Abriß eine gegenstandsgemäße, sachlich und wissenschaftlich fundierte Gesamtdarstellung, ein systematisches Bild der deutschen Hochsprache des 20. Jahrhunderts vor. Die herkömmliche Aufspaltung der Grammatik in Laut-, Formen-, Satz- und Wortbildungslehre wurde hier überwunden.

Das deutsche Verb
Form, Gebrauch, Funktion, Stellung
von Heinz Griesbach
in Zusammenarbeit mit Gudrun Uhlig
276 Seiten, kart.   Hueber-Nr. 1338

Das Buch dient als Nachschlagewerk; es besteht aus Textteil, Tabellenteil und Registerteil. Im Textteil werden die verschiedenen Erscheinungsformen des deutschen Verbs im Hinblick auf seine Wortform (Morphologie) und auf sein Auftreten im Satz (Syntax) dargestellt und erläutert.

Max Hueber Verlag · München

*Übungsmaterialien für Fortgeschrittene
zu Wortschatz und Grammatik*

Richtiges Deutsch
von Hilmar Kormann, 92 Seiten, kart.   Hueber-Nr. 1235

Der Gebrauch der deutschen Präpositionen
von Werner Schmitz, 88 Seiten, kart.   Hueber-Nr. 1059

Übungen zu Präpositionen und synonymen Verben
von Werner Schmitz, 80 Seiten, kart.   Hueber-Nr. 1094

Wie sag ich's auf deutsch?
von Gerhard Kaufmann, 72 Seiten, kart.   Hueber-Nr. 1097

ABC der schwachen Verben
von Kläre Meil und Margit Arndt, 180 Seiten, kart.   Hueber-Nr. 1091

Übungen zum Gebrauch von Perfekt und Präteritum im Deutschen
von Sigbert Latzel, 108 Seiten, kart. mit Zeichnungen   Hueber-Nr. 1305

Training Deutsch · 60 Wortschatz- und Strukturübungen
von Joachim Busse, 112 Seiten, kart.   Hueber-Nr. 1313

ABC der deutschen Nebensätze
von Wolf-Dietrich Zielinski, 192 Seiten, kart.   Hueber-Nr. 1340

Max Hueber Verlag · München